Inga Bodenburg, Gunhild Grimm
Weißt du, was ich sagen will?

Für Horst Speichert (1941–2005)

**Dr. Inga Bodenburg,** Diplom Psychologin, Studiendirektorin i. R., arbeitet seit 1979 in der Aus- und Weiterbildung sozialpädagogischer Fachkräfte in Hamburg mit den Schwerpunkten Frühpädagogik und Integration behinderter Kinder im Vorschulalter. Sie war in Hamburg geschäftsführend zuständig für die Entwicklung, Implementierung und Überarbeitung der Bildungspläne für die sozialpädagogischen Ausbildungsgänge. 2006 gründete sie die „Bildungswerkstatt Stellau".

**Gunhild Grimm,** Lehrerin an Volks-und Mittelschulen, Diplom Psychologin und Psychologische Psychotherapeutin, arbeitet als Beraterin und Gutachterin im Jugendpsychologischen und -psychiatrischen Dienst in Hamburg in einem multidisziplinären Team. Hier geht es um Hilfeplanung, Krisenintervention, Eltern- und Erzieherfortbildung und um Biographieklärung für Kinder, Jugendliche und Jungerwachsene.

Frühe Kindheit | Kinder von 0 bis 3 – Basiswissen

Inga Bodenburg, Gunhild Grimm

# Weißt du, was ich sagen will?

Kommunikation mit 0- bis 3-Jährigen

**Weitere Bände aus der Reihe „Kinder von 0 bis 3":**

Ein gelungener Start in die Kita • 978-3-589-24725-7
So fühlen sich die Kleinsten wohl • 978-3-589-24726-4
Im Dialog mit den Eltern 0- bis 3-Jähriger • 978-3-589-24744-8

**Herausgegeben von Inga Bodenburg und Ilse Wehrmann**

**Bei Fragen und Anregungen wenden Sie sich bitte an unsere Berater:**
Marketing, 14328 Berlin, Cornelsen Service Center,
Servicetelefon 030 / 89 785 89 29

**Weitere Informationen finden Sie im Internet unter:**
www.cornelsen.de/fruehe-kindheit

**Bibliografische Information:** Die Deutsche Bibliothek verzeichnet diese Publikation in der Deutschen Nationalbibliografie; detaillierte bibliografische Daten sind im Internet über http://www.dnb.de abrufbar.

1. Auflage 2011
© 2011 Cornelsen Verlag Scriptor GmbH & Co. KG, Berlin

Das Werk und seine Teile sind urheberrechtlich geschützt. Jede Nutzung in anderen als den gesetzlich zugelassenen Fällen bedarf deshalb der vorherigen schriftlichen Einwilligung des Verlags. Hinweis zu den §§ 46, 52a UrhG: Weder das Werk noch seine Teile dürfen ohne eine solche Einwilligung eingescannt und in ein Netzwerk eingestellt oder sonst öffentlich zugänglich gemacht werden. Dies gilt auch für Intranets von Schulen und sonstigen Bildungseinrichtungen.

Lektorat: Liliana Wopkes, München
Herstellung: Uwe Pahnke, Berlin
Satz: Markus Schmitz, Büro für typographische Dienstleistungen, Altenberge
Umschlaggestaltung & Innenlayout: Claudia Adam Graphik Design, Darmstadt
Titelfotografie: Anja Doehring, Lübeck
Druck und Bindung: orthdruk, Bialystok, Polen

ISBN 978-3-589-24742-4

# Inhalt

**Vorwort** — 7

**1 „Kinder mit 'nem Will'n kriegen was auf die Brill'n" oder: Das Menschenbild in der Frühpädagogik** — 10

1.1 Überlieferte Vorstellungen prägen das Bild vom Kleinkind — 11
1.2 Wie neue Erkenntnisse das Menschenbild verändern — 19

**2 Wie kleine Kinder sich verständlich machen – und was sie dazu brauchen** — 22

2.1 Der Dialog wird früh aufgenommen — 23
2.2 Die Sinne als Brücke der Verständigung — 24
2.3 Im Dialog sein und bleiben — 25
2.4 Aufmerksamkeits-Splitting in der Kita — 30

**3 Neugier als Triebkraft für Entdeckungen und für das Lernen** — 33

3.1 Tommi und die große Holz-Lok — 34
3.2 Warum die Neugier? — 36
3.3 Nadiye zergliedert die Welt — 39
3.4 Kontakt und Lernen finden an den Grenzen statt — 41
3.5 Neugier regt Grenzerfahrungen an — 43

**4 Wenn Neugier und Forschen unerwünscht sind** — 50

4.1 Aggressionen gegen sich selbst — 51
4.2 Aggressionen gegen Schwächere — 52

Inhalt

## 5 Geeignete Bedingungen erleichtern das gegenseitige Verstehen — 56

- 5.1 Grundbedürfnisse erkennen und stillen — 57
- 5.2 Raum, Zeit und Gelegenheiten für eigene Erfahrungen geben — 66
- 5.3 Zeit lassen — 72
- 5.4 Die Erfahrungswege der Kinder aufspüren — 77

## 6 Missverständnisse und Probleme – und wie sie zu bewältigen sind — 81

- 6.1 „Ich will doch nur dein Bestes" — 83
- 6.2 Schwellenangst ausdrücken und überwinden — 86
- 6.3 „Lass mich!" — 89

## 7 Wenn uns Kinder an unsere Grenzen bringen — 97

- 7.1 Rückzug als Bewältigungsstrategie — 98
- 7.2 Der Teufelskreis — 100
- 7.3 Pädagogik als Mittel der Verzweiflung — 101
- 7.4 Frühkindliche Sexualität und kindliche Gefühle — 104
- 7.5 Mit Ekel umgehen — 106
- 7.6 „Kindermund tut Wahrheit kund" — 108
- 7.7 Den Sicherheitsabstand wahren — 110
- 7.8 Mit Belastungen konstruktiv umgehen — 112

## 8 Eltern unterstützen — 116

- 8.1 Wenn das Essen zum Problem wird — 117
- 8.2 Schlafprobleme — 123

## Schlusswort — 130

## Literatur — 132

## Bildnachweise — 136

# Vorwort

In den letzten dreißig Jahren hat sich in der familienergänzenden Erziehung vieles getan und weiterentwickelt. Da die Wirtschaft zunehmend auf qualifizierte Fachkräfte angewiesen ist, ist seit einigen Jahren der politische Wille zur Verbesserung der Bildung und Versorgung kleiner Kinder (wie auch der Wille zu einer verstärkten Beteiligung der Väter) gewachsen. Das hat in den letzten fünf Jahren dazu geführt, dass personelle und finanzielle Ressourcen in den Bereich der Kleinstkinderziehung gesteckt werden: Mittlerweile ist allen klar, dass sich der zeitliche und finanzielle Aufwand für eine ausgezeichnete Qualifikation sowie für gute Arbeitsplatzbedingungen für diese Fachkräfte lohnt: Dieser „Aufwand" ist die nachhaltigste Prävention für Kinder, so dass sie später erfolgreich ihren Platz in der Gesellschaft einnehmen können. Dennoch ist diesbezüglich noch eine Menge zu tun.

Damit das Kind zu einem sicher gebundenen, sozial und emotional reifen Menschen heranwachsen kann, braucht es sowohl im familiären als auch im außerfamiliären Bereich die entsprechenden Bedingungen. Neben der Anwesenheit von konstant verfügbaren Bezugspersonen ist die Möglichkeit, Kommunikationsfähigkeiten und soziale Kompetenzen – in einer Atmosphäre von Sicherheit und Geborgenheit sowie in einem überschaubaren sozialen Umfeld – zu erwerben, für die Entwicklung jedes Kindes der Grund, auf dem sich seine Persönlichkeit entfalten kann.

Die ersten Lebensjahre, wenn die kleinen Kinder sich noch nicht mit Wörtern ausdrücken können, sind für die begleitenden Erwachsenen oft sehr mühselig. Häufig kommt es zu Missverständnissen, die auf beiden Seiten Kraft und Nerven kosten. Denn gar zu oft „senden" Erwachsene und kleine Kinder „auf verschiedenen Wellenlängen". Hinzu kommt, dass die Kinder in zwei Welten leben: in der Familie und in der Kita. Der Austausch der Erwachsenen über die Erlebnisse, Vorlieben und Abneigungen der Kinder im jeweiligen Bereich ist wichtig, denn das Bild der Kinder von der „einen Welt" setzt sich zusammen aus allen Erfahrungen – aus denen von zuhause und aus der Kita, egal wie unterschiedlich sie sein mögen.

*Abb. 1: Kinder eignen sich die Welt selbsttätig an*

Viele Erwachsene neigen dazu, Kleinstkindern wenig zuzutrauen (so wie man ihnen selbst vielleicht wenig zugetraut hat, als sie noch kleine Kinder waren). Das wiederum kann für ein Kind ein entmutigendes Hindernis sein, so dass es sich eher passiv behandeln lässt, statt selbst aktiv etwas auszuprobieren. Im Zusammenleben mit Kleinstkindern ist fast nichts so wichtig, wie zu lernen, mit ihnen in „Resonanz", ins Gespräch, zu kommen. Erst die sogenannten „3 R" – „Resonanz", „Reziprozität" und „angemessenes Reagieren" – lassen das Vertrauen in die Fähigkeiten des Kindes wachsen (Gonzales-Mena/Widmeyer Eyer 2008). Nur so kann ein Kind eigene Erfahrungen, gute oder schlechte, machen. Und jede von ihnen ist ein kleiner Schritt auf dem langen Weg zur notwendigen Selbständigkeit.

Die Eigenaktivitäten der Kinder werden indessen oft durch besorgte Überbehütung erstickt. So ist es in den ersten Lebensjahren besonders wichtig, dass Kinder eine Umwelt vorfinden, in der sie gefahrlos Erfahrungen sammeln können. Im Alltag erlebt man bei den Kindern, die sich trauen, etwas auszuprobieren, dass sie zuvor kurz innehalten und einen fragenden Blick auf die Erzieherin richten; so als bräuchten sie das Nicken oder Kopfschütteln der Erwachsenen zur Absicherung (als Feedback). Das erfordert wachsame Erwachsene, die den Blick des Kindes deuten können und Ermutigung, Freude, Spaß bzw. Warnung oder Unterstützung und Absicherung in ihrem Blick und in ihrem Handeln signalisieren.

Moderne Entwicklungstheorien sind sich darin einig, dass das Klima in Familien und in außerfamiliärer Betreuung geprägt sein sollte durch die wertschätzende Haltung und die dem Kind angemessene Kommunikationsfähigkeit der Erwachsenen. In diesem Zusammenhang interessieren uns folgende Fragen:

- Welches Bild vom Kind prägt die Kommunikation zwischen Erwachsenen und sehr jungen Kindern?
- Wie kommunizieren Erwachsene, die sich verbal ausdrücken mit kleinen Kindern, die sich über andere Ausdrucksformen mitteilen?
- Welche neurophysiologischen Voraussetzungen und Entwicklungsschritte prägen das kindliche Kommunikationsverhalten?
- Wie sind Missverständnisse und Probleme in der Kommunikation zu erklären und aufzulösen?
- Was sind Anzeichen einer befriedigenden Kommunikation im Alltag der Kita und wie lässt sie sich verwirklichen?

Die Inhalte dieses Buches richten sich an Menschen, die Kinder in ihren ersten drei Lebensjahren begleiten und an den Facetten interessiert sind, die das Thema „Dialog mit kleinen Kindern" hat. Mit diesem Buch möchten wir dazu beitragen, dass sich Menschen, die sich außerhalb der Familie um kleine Kinder kümmern, im Kontakt mit den Kindern sicherer und wohler fühlen. Sie sollen mit ihnen so kommunizieren können, dass stabile Beziehungen wachsen und jedes Kind, seinem Potenzial entsprechend, entdecken und lernen kann. Dieses Buch soll anregen, über die einzigartigen Verständigungswege der Kinder zu staunen, ihre Zeichen wahrzunehmen und zu entschlüsseln, über den Umgang mit Verständigungsproblemen nachzudenken und kreativ nach individuell angepassten Lösungen zu suchen. Es soll eine Hilfestellung sein, um kindgerechte Umweltbedingungen zu schaffen, in denen Kinder ihrem Forscherdrang nachgehen und dabei vielfältige Erfahrungen mit Menschen sammeln können. Mit vielen Bildern und Geschichten soll dieses Buch dazu anregen, kleine Kinder und deren Ausdrucksformen besser zu verstehen, mit ihnen aktiv „ins Gespräch zu kommen" und dabei zu lernen, das eigene Fühlen und Handeln als Erwachsener wahrzunehmen und nicht mit dem des Kindes zu vermischen.

# 1.
# „Kinder mit 'nem Will'n kriegen was auf die Brill'n" oder: Das Menschenbild in der Frühpädagogik

| | | |
|---|---|---|
| 1.1 | Überlieferte Vorstellungen prägen das Bild vom Kleinkind | 11 |
| 1.2 | Wie neue Erkenntnisse das Menschenbild verändern | 19 |

Das jeweilige Bild vom Kind hat nicht nur in der Öffentlichkeit, sondern auch in der Geschichte der Pädagogik schon immer als Grundlage erzieherischen Handelns und für die Formulierung von Erziehungszielen gedient. Bilder spielen auch in der pädagogischen Fachsprache eine große Rolle: Bildungsfähigkeit, Bildungshunger, Selbstbildung, Vorbild, Bildungsauftrag oder Bildsamkeit – sind Beispiele für den häufigen Rückgriff auf das Wort „Bild".

## 1.1 Überlieferte Vorstellungen prägen das Bild vom Kleinkind

*„Machen Sie sich man nicht so'n Kopf!" sagte ein Großvater, der sein einjähriges Enkelkind Nela aus der Sternchen-Gruppe abholen will und Jasmin, die Erzieherin, dabei beobachtet, wie sie über Formulierungen im pädagogischen Konzept der Einrichtung brütet. „Das ist doch noch so einfach mit diesen Kleinen. Seien wir doch mal ehrlich: Sie sind doch erst richtige Menschen, wenn mit ihnen etwas anzufangen ist." „Und wann ist das Ihrer Meinung nach?" entgegnet Jasmin. „Na, so zum Schulanfang? Bis dahin wird's die Mama schon richten."*

Für Nelas Großvater – wie für andere viele Menschen auch – scheinen die ersten drei Lebensjahre eine Zeitspanne zu sein, die noch keiner besonderen (pädagogischen) Beachtung bedarf.

*„Töpfchenschwingen und Fläschchengeben – das kann doch jeder!" höre ich oft, wenn ich jemandem erzähle, wo ich arbeitete. Ich schäme mich schon fast dafür, in der Kleinstkinder-Gruppe zu arbeiten", erzählt Nelas Erzieherin Monika. Sie berichtet im Team über ihre Erfahrungen – und erhält viel Zustimmung.*

Solange ein Kind klein ist, es sich sprachlich nicht verständigen kann und keine Kontrolle über seine Körperfunktionen und -ausscheidungen hat, ist nach Meinung vieler Erwachsener (insbesondere männlicher Erwachsener) „mit ihm noch nichts anzufangen". Die immer noch gängige Bezeichnung „das erste dumme Vierteljahr" spricht Bände. Kinder im ersten Lebensjahr sind für manche allenfalls „niedlich" – und falls sie das nicht sind, erfahren sie von vielen ein gedämpftes Interesse.

Je jünger ein Kind ist, desto weniger Aufmerksamkeit bekommen gemeinhin seine „leisen" Signale. Menschen, die sich wenig mit kleinen Kindern befassen, reduzieren deren Bedürfnisskala auf Hunger, Durst, Müdigkeit und Schmerz – und auf diese zu reagieren, erfordert offenbar keinen besonderen Aufwand. Diese Einstellung spiegelt sich auch in der fehlenden ideellen und monetären Wertschätzung, die denjenigen entgegengebracht wird, die sich professionell mit Kindern dieser Altersgruppe befassen. Sie erfahren wenig fachliche Beachtung. Das erkennen wir daran, dass Weiterbildungs- und Qualitätsstandards (besonders für den kommunikativen Bereich) erst seit Neuestem in der Entwicklung sind.

Auffallend wenige Männer bewerben sich nach der sozialpädagogischen Ausbildung für eine Arbeit mit Kleinstkindern; obwohl sie wissen, wie wichtig weibliche und männliche Bezugspersonen für die geschlechtsbezogene Entwicklung von Mädchen und Jungen sind. Karriere machen, Geld verdienen, in der Männerwelt punkten – dazu scheint diese Art der Arbeit nicht zu taugen. Schade! Ob sich hier das allgemeine Bild vom Kleinstkind niederschlägt, das offenbar gekennzeichnet ist durch Hilflosigkeit und Unwissenheit? Ausdrücke wie „Windelpupser" oder „Wickelkind" betonen Attribute wie „unsauber" sowie die Unfähigkeit zur Selbstkontrolle; es handelt sich hierbei um abgewertete „unmännliche" Eigenschaften, über die ein kleines Kind bald hinwegerzogen werden soll.

Bilder und Vorstellungen vom Kind lenken nicht selten die Erziehungsvorstellungen der Eltern, der Pädagoginnen und Pädagogen. Es ist sehr wahrscheinlich, dass wir alle Relikte früherer Bilder vom Kind in uns tragen, dass sie in unser pädagogisches Verständnis hineinwirken und die Verständigung mit kleinen Kindern maßgeblich beeinflussen. Deshalb lohnt es sich, den Wandel des Bildes vom Kind im Laufe der vergangenen Zeiten einmal zu betrachten, um zu erkennen, welches Bild vom Kind unser Handeln heute leitet.

### Das Kind als verkleinerter Erwachsener
Bis ins 19. Jahrhundert gab es noch keine Kindheit im heutigen Sinne. Kleine Kinder wurden, solange sie hilflos waren, „bewahrt" und „gewartet". Sie waren Objekt der Pflege ihrer Ammen oder aller Mitglieder der Großfamilie, in der sie aufwuchsen. In den höheren Ständen spielten die Mütter eine eher untergeordnete Rolle. Sobald die Kinder gehen konnten, wuchsen sie als „verkleinerte Erwachsene" auf, bis sie sich in die Bereiche ihrer Mütter und Väter hineinarbeiten konnten.

### Das Kind als Objekt der Nächstenliebe
Die ersten „Kleinkinderschulen" und „Kinderbewahranstalten" entstanden zu Beginn des 19. Jahrhunderts durch die Trennung von Familie und Arbeitsstätten, als Menschen massenweise auf der Suche nach Arbeit in die Städte zogen. Frauen- und Kinderarbeit hatten zur Folge, dass die jüngsten Familienmitglieder nicht mehr versorgt werden konnten. Das rief die „Liebestätigkeit" der weiblichen Mitglieder begüterter Familien auf den Plan, die sich in christlichen Vereinen der Armenpflege und der öffentlichen Kinderbetreuung widmeten. Hier war der Tagesablauf schon für die Kleinsten stundenplanmäßig gegliedert; intensive religiöse Unterweisung ging nach kurzen Erholungspausen in Abschnitte strenger körperlicher Schulung über, die der Disziplinie-

rung der Kinder dienten. Der Begriff „Spiel" und seine Bedeutung waren noch unbekannt.

Forciert wurde auch die Gewöhnung junger Kinder an pünktlichen Gehorsam und Ordnungssinn. Es handelte sich dabei um eine nach sozialen Klassen getrennte Erziehung: „Es ist Bedürfnis, die armen Kinder von der Straße wegzuschaffen und sie aufzunehmen, aber dazu ist keine Nötigung für Kinder aus höheren Ständen vorhanden." (Uhlhorn 1895 in: Grossmann 1987, 20) In dieser Zeit wurde auch der bis heute gültige Begriff „Krippe" geprägt: Das war ein Notbehelf für arme Kinder, die ohne karitative Hilfe verelendet wären.

### Das Kind als bildungsfähiger Pflegling

Für Friedrich Fröbel (1782–1852) hingegen war das Kind so etwas wie ein „bildungsfähiger Pflegling", im Gegensatz zu den religiös orientierten Kleinkinderbewahranstalten (die von der Annahme ausgingen, dass der Mensch der Erbsünde unterliege und deshalb reglementiert und diszipliniert werden müsse). Dahinter stand ein Menschenbild, dass von der Romantik und dem Idealismus geprägt war: Der Mensch ist von Geburt an gut; Aufgabe von Erziehung ist es, Kinder zum Einklang und zur Harmonie mit Gott, der Natur und der Welt zu führen. Dafür prägte er den Begriff „Lebenseinigung".

Abb. 2: Kind als verkleinerter Erwachsener; Angelo Bronzino: Porträt des Giovanni de Medici, 1545

Abb. 3: Kind als Pflegling; Philipp Otto Runge: Otto Sigismund im Klappstuhl, 1805

Fröbel maß einer geglückten Mutter-Kind-Beziehung in diesem Harmonisierungsprozess eine entscheidende Bedeutung bei: Die Erziehung der Menschheit müsse mit der Erziehung der Mütter beginnen. Er setzte auf kindliche Bildungsfähigkeit und auf die „Kraft zur Lebenseinigung" (Grossmann 1987, 26). Dennoch sei das Kind im Umgang mit den Dingen auf Hilfe angewiesen, Anlagen bedürfen der „Pflege." Die bis heute gültige Berufsbezeichnung „Kinderpflegerin" resultiert auch aus dem von Fröbel geprägten Arbeitsverständnis: „leidend (im Sinne von gewährend) nachgebend, behütend und beschützend, nicht vorschreibend, eingreifend oder bestimmend." (Fröbel 1826 in: Grossmann 1987, 26).

### Das Kind als Libido-Objekt
Einen neuen Blickwinkel auf das Kind eröffnete Sigmund Freud: Das Erleben eines jeden Kindes werde nicht durch sich selbst, sondern von den unbewussten Triebkräften der erziehenden Erwachsenen bestimmt. Eine strenge, das Kind beanspruchende Erziehung führe zu einem rigiden Über-Ich (damit meinte Freud das „Gewissen", die Moralinstanz in unserer Persönlichkeit, zuständig für Anpassung und Gehorsam) und zu seelischen Fehlentwicklungen. Damit das Kind befähigt werde, seine Triebansprüche und die Forderungen dieser „Gewissens-Instanz" miteinander in Einklang zu bringen, brauche es ein starkes und flexibles Ich. Gemeint ist das Bewusstsein von den eigenen Körpergrenzen, Fähigkeiten und Selbstgefühlen. Die Entwicklung des Ich zu unterstützen, sei Aufgabe der Erziehenden. Es könne nur gelingen, wenn Konflikte, mit denen ein kleines Kind sich unbewusst auseinandersetzt, sichtbar gemacht würden, wenn Affekte, aggressive Impulse und unterdrückte Spannungen, Hemmungen und Ängste ausgelebt werden könnten.

### Das Kind als selbsttätiges Individuum
Parallel zu diesen Theorien veröffentlichte die italienische Ärztin Maria Montessori (1870–1952) ihre Arbeiten. Sie war die erste, die darauf hinwies, dass jedes Kind seine individuellen Potenziale in sich trage und statt Reglementierung und Erziehung förderliche Umweltbedingungen zu deren Verwirklichung brauche. Sie betonte die Anerkennung der Würde des Kindes und seiner Individualität, unterstrich seinen Willen, tätig zu sein, seine Unabhängigkeit und Selbständigkeit. Sie übte scharfe Kritik an einer Pädagogik, die aus ihrer Sicht Kinder als abhängige Objekte behandelte und strafte oder belohnte, um Wohlverhalten zu erzwingen.

> *Die Aufgabe der Umgebung ist nicht, das Kind zu formen, sondern ihm zu erlauben, sich zu offenbaren.*
> Maria Montessori

Die Erkenntnisse Freuds und Montessoris wurden mit der Machtübernahme des Nationalsozialismus für nichtig erklärt und geächtet und erst viele, viele Jahrzehnte später neu belebt.

## Das Kind als Objekt der Volkserziehung

Seit den 1930-Jahren gab es in Deutschland eine unumschränkte Rückkehr zum autokratischen Erzieherverhalten. Zu erkennen war das in den jüngsten Disziplinen und Tugenden wie „vaterländische Gesinnung", Tapferkeit, Pflichtgefühl, Abhärtung sowie Unterordnung.

Es gilt zu bedenken: Die Großeltern der heutigen jungen Eltern haben diese Tugenden während ihrer gesamten Kindheit verinnerlicht und sie, weil sie nichts anderes kennen gelernt hatten, an ihre eigenen Kinder weitergegeben. Kinder, die zwischen 1930 und 1950 geboren wurden, erlebten in „ihrem" Kindergarten (falls sie einen besuchten) eine Überbetonung von Hygiene, Abhärtung, Reglementierung, Ordnung sowie von körperlicher Leistungsfähigkeit. Sie erfuhren wenig von einer durch Respekt und Feinfühligkeit gekennzeichneten Grundhaltung, die wir heute anstreben. Schon kleine Mädchen wurden auf die spätere Mutterrolle durch Puppenecken und frauentypische, mütterlich-pflegerische Beschäftigungen vorbereitet (wie Basteln und „Hauspflege"). Jungen wurden zur bereitwilligen Gefolgschaft und zum Gehorsam erzogen.

Die Großmütter und Mütter der heutigen Elterngeneration wurden dazu angehalten, strikte „Fütterzeiten" bei ihren Kindern einzuhalten: Alle vier Stunden am Tag und alle acht Stunden in der Nacht durfte ein Kind aus dem Bett genommen und gestillt werden; dazwischen war jeder Kontakt verboten, um das Baby nicht zu „verwöhnen". Die Idealisierung und Überhöhung des „aufrechten Menschen" bewirkten, dass Mütter und Kinder von Anfang an lernten, alle Impulse zu unterdrücken, die diesen Vorstellungen zuwiderliefen. Und diese Meisterschaft in der Leugnung eigener Gefühle und Bedürfnisse gaben viele von ihnen ungefiltert an die nächste Generation weiter.

## Das Kind als Trainee von Einzelfertigkeiten

Diese Einstellung änderte sich auch nach dem Krieg nicht wesentlich. Die zwischen 1945 und 1950 Geborenen wurden von Menschen erzogen, die gelernt hatten, Entwicklung als eine festgelegte Abfolge von Phasen und Stufen anzusehen. Das heißt: Alle Persönlichkeitsmerkmale und Fähigkeiten sind, so hieß es damals, in ihren möglichen Ausprägungsgraden genetisch bestimmt und altersabhängig. Nach Umweltbedingungen für kindliche Entwicklung wurde damals nicht geforscht und sie waren kein Bestandteil wissenschaftlicher Versuchsanordnungen (Montada 1998, 28, 29). Ergebnisse der psychologischen Forschung waren Stadien- oder Stufenbeschreibungen einzelner Funktionen, Mess-Skalen für verschiedene, voneinander unabhängig untersuchte Funktionsbereiche (wie z.B. Motorik, Intelligenz, Wahrnehmungsleistungen, Sozialverhalten) – unter Ausblendung der besonderen Lebenswirklichkeit jedes Kindes. Sie führten zur Gewinnung von Altersnormen, die fortan den wichtigsten Schwerpunkt in der psychologischen Ausbildung von Pädagoginnen und Pädagogen ausmachten.

"Kinder mit 'nem Will'n kriegen was auf die Brill'n"
oder: Das Menschenbild in der Frühpädagogik

## Das Kind in der „Krippe"

In den „Krippen" gab es noch bis in die 1980er Jahre separate Gruppen für „Liegekinder", „Krabbler", „Läufer" und „Kleinstkinder" (Kinder zwischen zwei und drei Jahren). Dadurch kam es zu einem ständigen Wechsel der Bezugserzieherinnen, wenn ein Kind von einer in die andere Gruppe „verlegt" oder „verschoben" wurde. Lange blieben Krippen eine sozialfürsorgerische Versorgungseinrichtung für Benachteiligte.

Weil man davon ausging, dass ein Kleinkind nur für höchstens zehn Minuten „bei der Sache" bleiben kann, vollzog sich alles in kurzen Zeitintervallen im Rahmen der Gesamtgruppe: Ess- und Körperpflegesituationen (z. B. das „Töpfen"), „Beschäftigungen" (wie das Basteln) oder Gemeinschaftsspiele im Freien. Individuelle Bedürfnisse (wie der Wunsch nach Rückzug und Alleinspiel) wurden nicht berücksichtigt (Grossmann 1987, 82–85).

Bis heute prägt dieser Gemeinschaftsgedanke die Gründung, Raumteilung und Gestaltung von Betreuungseinrichtungen für Jung und Alt in Deutschland: Sie sind möglichst für eine große Anzahl von Nutzern konzipiert, funktionell, übersichtlich, einsehbar. Und der Begriff „Krippe" bezeichnet in Deutschland auch heute noch in allen rechtlichen Vorgaben die institutionellen Betreuungsformen für den Altersbereich von null bis drei Jahren. Wie kommt es dazu?

Die Krippe im Stall war zur Zeit von Christi Geburt (in einer Phase politischer Umbrüche) die einzige Zuflucht für den neugeborenen Jesus. Sie gab ihm Geborgenheit, Schutz und die erste Nestwärme. Sie war ein Notbehelf, der sein Überleben ermöglichte, ein letzter Ausweg in einer Situation bitterer Armut der Eltern – als Folge von Ausgrenzung und Entwurzelung.

Der Rettungsgedanke war auch der entscheidende Impuls für die Gründung der ersten „Kinderbewahranstalten" im 19. Jahrhundert und die Entstehung des Begriffes „Krippe". Ausschließlich Kinderkrankenschwestern und Pflegekräfte betreuten bis in die 1980er Jahre die Kleinsten, ohne pädagogisches Konzept – mit dem Schwerpunkt „Gesundheitspflege" und „Hygiene".

> ▶ Nach wie vor ist das Wort „Krippe" verbunden mit Erfahrungen von Geborgenheit und Sicherheit in einer dem Christkind feindlich gesonnenen Welt. Unsichtbar schwingen jedoch auch die dunklen Aspekte des Begriffes mit: Mangel, Minderwertigkeit, Unzulänglichkeit, Unterversorgung, Ausgrenzung, Stigmatisierung.

Noch heute antworten viele Teilnehmerinnen von Weiterbildungsveranstaltungen für Fachkräfte, die noch keine Erfahrung mit dem Kleinstkindbereich haben, auf die Frage: „Würden Sie Ihr Kind in eine Krippe geben?" mit einem energischen „Nein!". Nur etwa

10% der Teilnehmerinnen begründen dies damit, dass sie die ersten Jahre ihres Kindes aktiv miterleben wollen. Die anderen haben, ohne eine Kleinstkindgruppe je gesehen zu haben, große Zweifel an der Qualität der Betreuung. Der Begriff „Krippe" enthält also ein ganzes Bündel von Assoziationen, die unbewusst mitgedacht und mitgefühlt werden, wenn dieser Begriff gebraucht wird (jedenfalls von denen, denen das Jesuskind in der Krippe ein Begriff ist).

Noch Anfang 1980 haben wir in Hamburger Einrichtungen staunend zur Kenntnis genommen, dass mittags alle Kinder in krippenartige Betten zum Schlafen an die „frische Luft" gelegt wurden. Das waren klappbare Holz- oder Metallständer, mit Stoff in Krippenform bespannt. Hier lagen sie in Rückenlage, fest zugedeckt und mit Gurten „fixiert", um nicht hinauszufallen.

> ▶ Per Definition sind Krippen Futtertröge für (Nutz-)Tiere, gefüllt mit Heu, Stroh und Hafer, die sich keinesfalls als Aufenthaltsort für Säuglinge und Kleinstkinder eignen. Lebhaftes Klettern und Krabbeln und jede aktive Bewegung oder Kontaktaufnahme untereinander können Körperverletzung durch Herausfallen zur Folge haben.
>
> Krippen im ursprünglichen Wortsinn sind also denkbar ungeeignet für die unermüdlich aktive und begeisterte Welterkundung unserer wachen, neugierigen und klugen Kleinstkinder, die, wie wir wissen, auch im Schlaf neu gelernte Bewegungsmuster wiederholen.

Warum hat sich dennoch der Begriff „Krippe" in Deutschland bis heute gehalten – und ist darüber hinaus auch noch in allen rechtlichen Vorgaben verankert? Weil die Krippe immer noch als „letzte Zuflucht" und als ein Notbehelf gesehen wird für gefährdete Kinder, die ihre ersten Lebensjahre nicht zuhause verbringen (dürfen)? Oder weil wir aus vergangenen Zeiten immer noch ein Menschenbild in uns tragen, das die Jüngsten als passive, hilfsbedürftige Objekte ansieht, die zum Aufwachsen ausschließlich Pflege, Ernährung und Babyspielzeug brauchen?

### Das Kind als Akteur seiner Entwicklung
Erst Ende der 1960er Jahre wurden die Erkenntnisse Freuds auch in der Kleinkindpädagogik umgesetzt. Über die Aufarbeitung des Nationalsozialismus begann die psychologische Forschung damals die Haltungen, Werte und Einstellungen von Erziehungspersonen zu untersuchen. Eine zentrale Bedeutung hatten darin die Untersuchungen von Annemarie und Reinhard Tausch.

Sie hatten bereits zu Beginn der 60er Jahre an der Hamburger Universität mit ihren Forschungen zum Erzieherverhalten begonnen und bewirkten damit eine grundlegende Veränderung des Bildes vom Kind und des eigenen pädagogischen Verständnisses der Erziehenden. Sie beschäftigten sich mit ihrer eigenen Biographie, mit ihren Haltungen, Zielen und Aktivitäten und folgerten daraus, inwiefern diese der kindlichen Persönlichkeitsentwicklung förderlich oder abträglich waren. Insbesondere wiesen sie darauf hin, dass ein hohes Ausmaß an Lenkung und Kontrolle, verbunden mit emotionaler Distanz zu den Kindern, in den Gruppen zu „Spannungen, Opposition, Unselbständigkeit, Verminderung von Spontaneität und Kreativität, Verstärkung psychischer Störungen" (Tausch/Tausch 1977, 356) führte.

Zukünftige Lehrerinnen und Lehrer sowie Erzieherinnen und Erzieher übten jetzt das genaue Hinschauen, das aktive Zuhören, das kindgemäße Sprechen und den weitgehenden Verzicht auf Lenkung und Kontrolle in den Kindergruppen. Und sie lernten in authentischer Ichform zu sprechen, anstatt von sich selbst verallgemeinernd von „man" zu berichten. Diese Form der Kommunikation bewirkte, dass zwischen Erwachsenen und Kindern sowie unter den Kindern selbst mehr Nähe, Verständnis und Verbindlichkeit entstehen konnten.

### „Antiautoritäre Erziehung"

Die Achtundsechziger prägten diesen Begriff, als dessen theoretischer Hintergrund u. a. die Psychoanalyse gilt. Diese Generation versuchte, die Inhalte dieses Begriffes in den „Kinderläden" umzusetzen: Schon den Jüngsten sollten im freien Spiel unbeschränkter Freiraum und alle Möglichkeiten zum „Ausagieren" ihrer Gefühle und Bedürfnisse gegeben werden. Viele ehemalige „Kinderladenkinder" berichten von eindrucksvollen Erlebnissen, die ihnen nur dadurch zugänglich waren, weil Selbstbestimmung und Entscheidungsfreiheit den Alltag bestimmten. Sie erzählen von Ungebundenheit im Denken und Wollen – aber auch von Angst vor Chaos und Orientierungslosigkeit. Ist das vielleicht der Grund, weshalb im Bewusstsein vieler ehemaliger Kinderladenkinder Disziplin und Ordnung sowie die Priorität der Bildungsvermittlung wieder eine beachtliche Rolle zu spielen scheinen?

Offensichtlich wechseln Menschen häufig von einem Extrem zum anderen – und es wird noch Zeit brauchen, bis sich diesbezüglich eine ausgewogene Mischung von Freiheit, Verlässlichkeit, Emotionalität, Beziehung, Individualität und Gemeinschaft entwickeln kann.

## 1.2 Wie neue Erkenntnisse das Menschenbild verändern

Die Erkenntnisse der Neurobiologie haben das Bild vom Kind in seinen ersten Lebensjahren entscheidend verändert. Wir wissen heute: Die Entwicklung des Gehirns beginnt schon in den ersten Lebenswochen des Embryos. Jedes Kind kommt mit einem differenziert ausgebildeten Nervensystem auf die Welt, dessen einzelne Elemente sich im Laufe der frühkindlichen Entwicklung miteinander verschalten – sofern sie auf entsprechende Bedingungen treffen. Somit verfügt jedes Kind schon kurz nach seiner Geburt über viel reichhaltigere Erkenntnisse und über viel mehr Fähigkeiten, als es auf den ersten Blick erscheint.

Vom ersten Augenblick an sind Kinder aktiv lernende und handelnde Individuen. Damit sie ihr Potenzial entfalten können, sind sie auf Austausch und Wechselwirkung mit ihren nächsten Angehörigen angewiesen. Das sind in den ersten Lebensjahren die primären Bezugspersonen – die Eltern, die Familie. Von Anfang an ist der Anblick des Gesichtes der Mutter (oder das anderer Bezugspersonen), begleitet von deren Stimme, Mimik und Gestik, der Ausgangspunkt für die Entwicklung von Kommunikation und Interaktion – sofern der Erwachsene eine lebhafte, authentisch spiegelnde Mimik hat. Dann erlebt sich das Baby als Auslöser von Reaktionen beim Gegenüber, es erfährt sich als selbstwirksam.

Sofort nach der Geburt reagiert ein Baby aktiv auf andere Menschen und lässt sich durch Hautkontakt, durch das Gehaltenwerden und das rhythmische Mitbewegen am Körper eines Erwachsenen beruhigen. Es kann meist sofort die Brust der Mutter finden und saugen oder sich an der Flasche mit Nahrung versorgen. Verschiedene „Schreimodulationen" des Babys drücken unterschiedliche Bedürfnisse aus. Auf diese Weise lernen Erwachsene bald die für das Kind passenden Möglichkeiten, um es zu trösten – vorausgesetzt, dass die Erwachsenen über alle Sinne in „Fühlung" mit dem Kind sind.

### *Spiegelneurone und Amygdala*

Eine wichtige Rolle in der frühen kindlichen Entwicklung spielen *Spiegelneurone*, also Nervenzellen, die an mehreren Stellen im Gehirn angesiedelt sind. Sie veranlassen ein Baby, das, was es sieht und hört, zu imitieren – zunächst ohne bewusstes Verstehen dessen, was es nachahmt. Ein Gesicht mit einer lebhaften, beweglichen Mimik oder ein starres, ausdrucksloses bzw. gar ein bedrohliches Gesicht – Babys spiegeln es in ihrer eigenen Mimik. Sie machen aber nicht nur etwas nach, sondern sie fühlen auch wie ihr Gegenüber. Nur im Extremfall weicht ein Kind sogar dem Blick der Mutter aus – und

„Kinder mit 'nem Will'n kriegen was auf die Brill'n"
oder: Das Menschenbild in der Frühpädagogik

Abb. 4: Kind erlebt sich als selbstwirksam

das nur, wenn ihr Blick zu bedrohlich ist. Babys imitieren auch eine liebevolle, einfühlsame Stimme genauso wie einen harten, fordernden Klang.

Forscher sehen in der Funktion der Spiegelneurone den Ursprung der Entwicklung von Empathie, von Sprachkompetenz und prosozialem Verhalten in der frühesten Kindheit – vorausgesetzt, ein Kind verfügt kontinuierlich über entsprechende Vorbilder.

Die *Amygdala*, ein Teil des limbischen Systems, ist der Teil unseres Gehirns, der für die gefühlsmäßige Bewertung dessen zuständig ist, was wir erleben und wahrnehmen. Ob ein Kind beim Betrachten der Kerze auf dem Geburtstagskuchen zu strahlen anfängt, beim Erscheinen eines weißen Kittels zu schreien beginnt oder sich beim Anblick der Kita-Tür fluchtartig abwendet – die Amygdala signalisiert entweder: Diese Situation ist gedeihlich und fördernd für den Organismus und es lohnt sich, sich weiter damit auseinanderzusetzen. Oder sie signalisiert: Die Situation ist schädlich für mich und muss gemieden werden. Die Amygdala verarbeitet alle eingehenden Wahrnehmungsreize und leitet im Körper die entsprechenden Reaktionen ein: z. B. Zittern, Blässe und Schweißausbrüche bei Angst, rot werden und Blutdrucksteigerung bei Wut.

Das sind lebenswichtige Abwehrreaktionen, die den Organismus dazu befähigen, schwierige Situationen zu erkennen und mit ihnen fertig zu werden. Dabei gilt: Je früher diese positiven oder negativen Eindrücke gespeichert wurden, desto haltbarer sind sie. Frühe negative Erfahrungen legen also die Grundlagen für später und sind dann schwer zu korrigieren.

Die Amygdala und die sich bildenden Spiegelneurone prägen also als entscheidende Schaltstellen im Gehirn das spätere Kommunikationsverhalten, die Gemütslage und auch die Entwicklung der sozialen Intelligenz – und somit die Fähigkeit, bei sich und anderen Gefühle und Bedürfnisse wahrzunehmen und angemessen darauf zu reagieren. Sie bilden demnach die Grundlage zur Entwicklung von Toleranz und Akzeptanz anderen Menschen gegenüber.

# 2.
# Wie kleine Kinder sich verständlich machen – und was sie dazu brauchen

| | | |
|---|---|---|
| 2.1 | Der Dialog wird früh aufgenommen | 23 |
| 2.2 | Die Sinne als Brücke der Verständigung | 24 |
| 2.3 | Im Dialog sein und bleiben | 25 |
| 2.4 | Aufmerksamkeits-Splitting in der Kita | 30 |

Kinder drücken sich vor dem 18. Lebensmonat hauptsächlich über Mimik, Gestik, Laute und Körpersprache im Spiel aus. Sie verwenden erst allmählich Lautreihen, Wörter und Sätze, um sich mitzuteilen. Auch im zweiten und dritten Lebensjahr gelingt es ihnen noch nicht immer, sprachliche Grundregeln anzuwenden und mit verständlichen Wörtern auszudrücken, was sie brauchen, was sie wahrnehmen und entdecken, was sie haben oder tun wollen. Kurz: Kinder unter drei Jahren zu verstehen, ist manchmal schwierig. Häufig kommt es zu Missverständnissen, die auf beiden Seiten Kraft und Nerven kosten.

Die Kommunikations- und Empathiefähigkeit ist schon bei sehr jungen Kindern vorhanden. Sie spielt im Zusammenleben der Gruppe eine große Rolle für die Akzeptanz untereinander und für das gemeinsame Spielen und Aneignen der Lebenswelt. Das Aufeinanderbezogensein wächst langsam.

> *So erinnert sich Gunhild Grimm an eine Feier zum ersten Geburtstag eines Jungen. Er steckte ganz konzentriert mit seinem Freund abwechselnd Ringe auf einen Stab; jeder wartete, bis der andere fertig war. So entstand eine abwechselnde Tätigkeit, die aus dem Stecken des Ringes auf den Stab, dem Warten, bis der andere das Gleiche tat, und dem Stecken des nächsten Ringes bestand. Dies geschah ganz ohne Sprache, nur über intensive Mimik und Körpersprache. Am Schluss, als alle Ringe auf der Stange waren, strahlten ihre Gesichter vor Freude und Stolz.*

## 2.1
## Der Dialog wird früh aufgenommen

Jeder Mensch ist schon vor der Geburt auf Kommunikation „angelegt". Das erkennen wir daran, dass Kinder in den letzten Monaten der Schwangerschaft mit einer erhöhten Bewegungsfrequenz „antworten", wenn die Bauchdecke ihrer Mutter berührt wird; oder wenn sie Schallereignisse oft zu hören bekommen. Wir können wahrscheinlich auch schon vor der Geburt das erste Lächeln entdecken. Dabei würde es sich um das sogenannte „Funktionslächeln" handeln, das vom Zeitpunkt der Geburt an immer häufiger auftritt, aber noch keine sozialen Ursachen hat; es ist eher als Lachmuskeltraining zu verstehen.

Schon mit zwei Monaten bevorzugen Babys bewegte Gesichter, wenn sie die Wahl zwischen einer Maske und einem sprechenden und lachenden Gegenüber haben. Zu diesem Zeitpunkt reagieren sie auch aufgeregt, mit erhöhter Aktivität auf ihr Gegenüber: Sie versuchen mühsam, Blickkontakt aufzunehmen, sie bilden die ersten Gurr-Laute, das Strampeln von Armen und Beinen wird häufiger. Daran erkennen wir, dass sich die Kinder von Anfang an durch Bewegung wieder in ihr inneres Gleichgewicht bringen.

Und von Anfang an erwarten sie von ihrem Gegenüber eine sofortige Reaktion, auf die sie dann wieder selbst reagieren. Bleibt diese aus oder erfolgt sie mit zeitlicher Verzögerung, sind schon ganz junge Kinder sehr irritiert: Sie stellen ihre Aktivität ein und sehen mit großen, erstaunten Augen ihr Gegenüber an.

Das erste „soziale Lächeln" ist dann auch ein Ergebnis von „sozialer Übung": Kinder, die viel Resonanz erfahren, lächeln beim Anblick eines menschlichen Gesichtes eher als Kinder, die oft auf ein „Pokerface" treffen – oder als Kinder, die sich allein überlassen sind. Im Normalfall wird aus dem reaktiven Lächeln bald ein deutliches, antwortendes, strahlendes Lächeln für bekannte Personen.

## 2.2
## Die Sinne als Brücke der Verständigung

Kleine Kinder kommunizieren allerdings nicht nur, indem sie Blicke tauschen. Von Anfang an erfolgt ihre Verständigung über alle Sinne:

- Gleichgewichtssinn und Tiefenwahrnehmung geben Informationen über die räumliche Entfernung und die Lage des Gegenübers – genauso wie darüber, ob dieses Gegenüber Halt und Sicherheit bietet.
- Geruchssinn und Geschmackssinn liefern detaillierte Informationen über den Körpergeruch der Mutter sowie über den Geschmack und den Geruch der Muttermilch. Mit ihrer Hilfe erkennen schon Neugeborene ihre Mütter wieder. (Neugeborene bevorzugen süßen Geschmack und lehnen alles Saure und Bittere ab.)
- Mithilfe des Hörsinns ermittelt das Kind den Sprechstil von Mutter oder Vater („Motherese") und reagiert mit freudiger Erregung, wenn es deren Stimmen erkennt. Es lokalisiert auch die Richtung, aus der die Schallquelle kommt, ebenso den Akzent, die Betonung, die Schallintensität, den Tonhöhenverlauf und die Sprachmelodie des Gegenübers. Auch durch das hörende und fühlende Wahrnehmen des individuellen Herzschlags können Neugeborene ihre Mutter identifizieren.
- Visuell nimmt ein Baby Farben, Formen, Umrisse des Gegenübers, seine Bewegungen und Gesten wahr. Übrigens: Junge Babys bevorzugen die Farbe Rot in allen Dunkelschattierungen. Schon bald sind sie begeistert von den Kontrasten hell-dunkel.
- Über den Tastsinn erfahren Neugeborene die Qualität und die Intensität der Berührungsempfindungen. Hier kommen die Spiegelneurone ins Spiel: Wer als Baby behutsam und achtsam berührt und angefasst wird, wird später andere Menschen nicht grob behandeln – es sei denn, eine organische Schädigung beeinflusst die Integration der Tastwahrnehmungseindrücke. Kinder, die im taktilen Bereich „überinformiert" sind, zucken schon bei zarter Berührung zusammen und können sie schlecht ertragen. Sie bevorzugen glatte, harte, kühle Gegenstände zum Spie-

len. Kinder mit großem Mangel an Körperkontakt oder Kinder, deren Nervenbahnen Reize schlecht weiterleiten, haben Probleme, Berührungsreize überhaupt wahrzunehmen. Sie brauchen besonders deutlichen und haltenden Körperkontakt.

Alle Sinneserfahrungen sind jedes Mal gekoppelt mit der „Gefühlstönung", die in der Art der Ansprache und in der Rückmeldung liegt, die Babys bekommen. Es kommt darauf an, wie die eigene Antwort aufgenommen und erwidert wird.

## 2.3
## Im Dialog sein und bleiben

Wir sehen: Von Anfang an ist das Kind mit allen seinen Sinnen im Dialog mit den Erwachsenen. Und die Kommunikation funktioniert gut, wenn auch die Erwachsenen alle Sinne aktivieren, um das Kind mit seinen Anliegen wahrzunehmen und es zu spiegeln.

### *Imitation und Nachahmung*

Eine geglückte Kommunikation erkennt man daran, dass die „Sprache" von Kind und Erwachsenen zeitweilig einen ähnlichen Rhythmus, ein ähnliches Tempo und eine ähnliche Intensität annehmen. Wenn auf das Signal des Babys unmittelbar der „Augengruß" erfolgt und die vertraute Stimme zu hören ist, kann die Kommunikation beginnen. Auf der ganzen Welt zeichnet sich diese sogenannte "Motherese" („Ammensprache") durch sehr kurze, in hoher Tonlage und langsam gesprochene Sätze aus – mit wiederholender und einfacher Intonation und Sprachmelodie. Dabei ist es egal, ob die Sprecher Männer oder Frauen sind. Schon kleinste Babys hören dann zu, lassen sich beruhigen, ermuntern oder trösten.

Während der Kommunikation zwischen Baby und Erwachsenem ist es interessant, die beiden zu beobachten: Sie verhalten sich verblüffend ähnlich. Es findet sich eine eindrucksvolle, gefühlsmäßige Abstimmung zwischen den Äußerungen der Bezugsperson und der Fähigkeit der Babys, darauf zu reagieren. Im intensiven Kontakt mit einem Baby neigen Erwachsene dazu, ihre Stimmmodulation zu übertreiben, ebenso ihr Mienenspiel und ihre Gestik. Beide, Kind und Erwachsener, imitieren sich abwechselnd! Das Baby tut dies zunächst natürlich unbewusst: Es neigt den Kopf zur Seite, zeigt die Zunge und runzelt die Stirn. Das sind Gesten, die schon die Jüngsten nachahmen. Erst wenn ein Kind versteht, wer da was vormacht, beginnt das bewusste Nachahmen. Ab dem fünften Monat ahmt ein Kind einfache Silbenketten mit vielen Vokalen nach; ab dem achten Monat können wir beobachten, dass es bei der Erkundung seines Körpers seine eigenen Laute imitiert. Am Ende des ersten Jahres sind die Wahrnehmung eines

Kindes und seine Nachahmungsfähigkeit so gut ausgeprägt, dass es die Mimik der Erwachsenen nachmachen kann. Die Bezugspersonen finden schnell heraus, welche ihrer Gebärden vom Kind besonders intensiv registriert und nachgeahmt werden – und darauf stellen sie sich ein. Fast immer gehören Lachen und Schäkern, als Bestandteil des Dialogs, dazu.

Die Nachahmungsfähigkeit ermöglicht dem Kind den frühen Dialog, ohne den es soziale Beziehungen nicht wirklich aufnehmen und soziale Kompetenzen nicht erlernen kann. Anfangs formuliert es seine Laute gleichzeitig mit der Bezugsperson und sieht diese dabei an. Wenn es jedes Mal Antwort bekommt, kommt es bald zur ersten Unterhaltung: Das Kind macht Töne, der Erwachsene antwortet, das Kind erwidert auf seine Weise.

Ein Baby versteht die Gefühlsinhalte des Gesprochenen schon früh. Wer ein Baby während der Kommunikation ermuntern will, zeigt eine am Satzende ansteigende Intonation. Wer es beruhigen will (oder sein Missfallen ausdrückt), senkt die Stimme. Drohungen und Missbilligung werden mit kürzerer und höherer Stimme ausgedrückt als beruhigende und tröstende Äußerungen (Gogate et al. 2000).

## *Geteilte Aufmerksamkeit*

Ein weiterer wichtiger Aspekt in der wechselseitigen Verständigung zwischen Erwachsenen und Babys ist die geteilte Aufmerksamkeit: Nur wenn sich zwei Menschen gemeinsam auf einen Gegenstand beziehen können, ist ein Dialog möglich. Der Grundstein dafür ist die sogenannte „Shared Attention". Darunter verstehen wir die ab dem dritten Lebensmonat zu beobachtende Fähigkeit der Kinder, der Blickrichtung der Erwachsenen zu folgen (zum Beispiel zu einem farbigen Mobile, welches über dem Wickelplatz hängt). Ab dem sechsten Monat wechselt die Blickrichtung der Kinder zwischen einem Gegenstand und seinem Gegenüber, so als wollten sie sich vergewissern, dass beide noch da sind und nicht verschwinden.

Erst im zweiten Drittel des ersten Jahres beginnt schließlich die gemeinsame Ausrichtung (und dann auch die Kommunikation) auf etwas, was beide beschäftigt („Joint Attention"): auf den Quark, der im Schälchen weniger wird und auch mal zwischendurch auf dem Tisch verteilt wird; auf den Ball, der wegrollt und wieder kommt; auf den Tannenzweig, der als Objekt der Lernbegierde spontan in den Mund wandert …

Eine solche Zusammenarbeit zwischen Erwachsenen und Kindern führt dazu, dass kleine Kinder ab dem (etwa) neunten Lebensmonat verstehen, was wir erwarten, wenn wir auf etwas zeigen. Wenn wir sie dabei zum Beispiel auffordern „Gib mir bitte den Löffel", werden sie gern diesem Aufruf folgen, weil sie damit zeigen können, dass sie

*Abb. 5: Geteilte Aufmerksamkeit*

ein gemeinsames Anliegen verstanden haben und dafür eine Antwort erwarten dürfen – zum Beispiel ein fröhliches „Dankeschön".

*Ein lustiges Spiel entstand zum Beispiel, als Jeremy (elf Monate) am liebsten Salzstangen knabberte und Ella, die Erzieherin, jedes Mal fragte, ob sie auch mal abbeißen dürfe. Daraufhin streckte er stolz und bereitwillig seine gefüllte Hand aus und wartete, dass sie laut „Happs!" sagte. Es machte ihm eben Spaß, etwas zu haben und davon abzugeben – oder auch den Kopf zu schütteln. Nein sagen ist auch in diesem frühen Alter eine bedeutsame Erfahrung!*

## „Social referencing"

Für die Kommunikation in diesem Alter ist die Fähigkeit zum „Social Referencing" von ausschlaggebender Bedeutung. Ab dem achten Monat orientieren sich Babys nämlich in bestimmten Situationen an dem Gesichtsausdruck ihrer Bezugsperson. Wir können das daran erkennen, dass Kinder mit Unmut darauf reagieren, wenn ein Erwachsener eine neue Brille aufhat oder wenn unsere Mimik und Gestik etwas anderes ausdrücken als das Gesagte. In diesem Alter fällt auch das Fremdeln auf: Der Protest gegen unvertraute Menschen, die Kinder ohne Vorbereitung auf den Arm nehmen oder sonstige „Grenzverletzungen" begehen. In diesem Alter sind Kinder zudem sehr empfindlich, wenn Botschaften verwirrend, nicht eindeutig identifizierbar oder beängstigend sind. Dazu folgendes Beispiel:

## Wie kleine Kinder sich verständlich machen – und was sie dazu brauchen

*Gegen Feierabend wartet eine Mutter mit einem etwa eineinhalbjährigen Kind im Buggy auf dem Bahnsteig. Der Junge knabbert ruhig und zufrieden an einem Brötchen, während die Mutter ihr Handy aus der Tasche holt. Sie beginnt, sehr aufgeregt zu telefonieren. Sie blickt, mit einer Hand an der Griffstange des Buggys, mit der anderen am Handy, den Jungen frontal an. Dieser schaut ebenso intensiv zurück. Er macht Töne, er brabbelt sie an. Er blickt sie auffordernd an. Er nickt. Die Mutter schaut in Gedanken versunken den Jungen weiter an, reagiert aber nicht auf ihn und auf seine Gesten und Laute.*

*Die Wartenden hören den vollen Wortlaut des Gespräches mit: Die Mutter erzählt mit aufgeregter und verzweifelter Mimik, dass sie eine neue Tagesmutter finden müsse, da sie die bisherige nicht gut findet. Sie stehe unter Druck, brauche ab morgen dringend jemanden für das Kind.*

*Sie ist vertieft in ihre Gedanken und voll auf das Gespräch konzentriert; ihre Stimme klingt sorgenvoll. Sie reagiert weiterhin nicht auf die Signale des Kindes, obwohl ihr Blick noch immer auf das Kind gerichtet ist. Sie ist in Gedanken weit weg von ihm, obwohl ihre Augen es ansehen. Plötzlich wirft der Junge wütend das Brötchen aus dem Buggy. Die Mutter bückt sich, gibt es ihm eher mechanisch und kommentarlos wieder und setzt ihr Handygespräch fort. Dann kommt die U-Bahn.*

Was ist hier geschehen? Kinder sind etwa ab dem achten Monat fähig, den Hinweischarakter in der Mimik eines Erwachsenen richtig zu deuten. Wenn die Mutter ein ratlos-ängstliches Gesicht hat, ist das für ein kleines Kind das Signal: Gefahr droht!

Das Wegwerfen des Brötchens war – so gesehen – der unbewusste Versuch dieses Kindes, die Angst abzuwehren, die das Verhalten der Mutter bei ihm auslöste. Das Kind versuchte mit allen Mitteln, die Aufmerksamkeit der Mutter zu gewinnen, aber der Versuch scheiterte. Der Junge konnte natürlich nicht wissen, warum seine Mutter so ungehalten und aufgeregt reagierte, warum sie ihn ansah und gleichzeitig doch nicht erreichbar war. Also provozierte er sie, aber auch dadurch erreichte er nicht, dass sie sich ihm voll zuwendete.

Alles, was seine Mutter nonverbal mit ihrer Mimik und Gestik ausdrückte, galt nicht ihm, sondern ihrem Gesprächspartner, aber auch das konnte das Kind nicht wissen. Die Situation war somit völlig verwirrend: Das Kind bezog jede Reaktion der Mutter auf sich, denn es war ja keine andere Person da. Und es konnte nicht nachvollziehen, warum die Mutter so aufgebracht war. Es fühlte sich nicht im Kontakt mit ihr und konnte auch keinen Kontakt zu ihr herstellen – obwohl sie anwesend war. Das Kind sah sich im Ausdruck der Mutter nicht gespiegelt. Seine hilflosen Versuche sie zu erreichen, um eine Reaktion oder eine Resonanz auf seine Kontaktversuche zu erhalten, gingen ins Leere. Die dadurch entstandene Verwirrung war komplett.

Um zu verstehen, was passiert, wird ein Kind im Sinne des „social referencing" immer wieder versuchen, die Aufmerksamkeit der Bezugsperson auf sich zu lenken und ihre positive Zuwendung durch freundliche Gesten zu erreichen. Wenn sich jedoch solche Situationen häufen, bleibt dem Kind nichts anderes übrig, als den Spieß umzudrehen: Es reagiert mit Protest und Ablehnung. Damit provoziert es Zuwendung, allerdings Negativzuwendung. Wenn es auch damit keinen Erfolg hat, resigniert ein Kind am Ende und zieht sich in sich zurück.

Wiederholen sich solche Erfahrungen, wirken sie sich empfindlich auf das Bindungsgefüge aus, welches ein Kind am Ende des ersten Lebensjahres hergestellt hat (auf Grund seiner positiven oder negativen Erfahrungen). Im Falle von vielen negativen Erfahrungen entstehen die Ansätze zu einem Bindungsverhalten, das Mary Ainsworth (1913–1999) mit dem Begriff „unsicher-vermeidende Bindung" bezeichnete (Ainsworth 1973). Solchermaßen oft enttäuschte Kinder verlieren bald das Vertrauen darauf, dass ihre Bindungsperson verlässlich für sie da sein wird. Sie schützen sich vor dem Gefühl des Verlassenseins durch äußere Gleichgültigkeit. In solchen doppelbödigen Situationen wie in unserem Beispiel spielen diese Kinder anscheinend ungerührt weiter und scheinen weder Angst noch Trauer zu empfinden. Wenn die Bindungsperson dann endlich wieder präsent ist, wenden sie sich ab und nehmen eher Kontakt zu einer fremden Person auf. Das wird dann von den Erwachsenen oft als Kränkung fehlgedeutet – nach dem Muster:"Dann eben nicht!"

Für den Jungen aus dem Beispiel wäre es sicherlich klarer gewesen, wenn die Mutter ihm vorher erklärt hätte, dass sie jetzt telefonieren muss, und sie sich kurzzeitig abgewendet hätte. Sie hätte dabei das Händchen des Kindes halten können. Dann wäre der Blickkontakt unterbrochen gewesen, und das Kind hätte in Ruhe abwarten können, bis die Aufmerksamkeit der Mutter wieder ganz ihm galt. Es wäre lediglich eine Pause in der Verbindung zwischen Mutter und Kind entstanden, die dem Kind signalisiert hätte: „Gleich bin ich wieder ganz bei dir."

## 2.4 Aufmerksamkeits-Splitting in der Kita

Das vorhin beschriebene Problem ist auch in der Kita anzutreffen:

- Erwachsene sind gerade im Kontakt mit den Kindern und werden vom Telefon abgelenkt, weil sie dringend (gleichzeitig) etwas regeln müssen.
- Eine Erzieherin wickelt ein Kind mit voller Aufmerksamkeit und wird von einer Praktikantin angesprochen, die dringend Rat braucht.
- Eine Kollegin möchte unbedingt ein aufwühlendes Ereignis vom Wochenende erzählen.
- Ein Kind braucht beim Mittagessen Unterstützung beim Auffüllen seines Tellers, ein anderes Kind möchte aber gleichzeitig gefüttert werden.

In jedem Fall ist es wichtig, zu signalisieren, wem man sich jetzt voll zuwenden wird – genauso, wie man dem oder den Wartenden verlässlich sagen sollte, wann sie „dran" sind. So wissen die Kinder: „Ich muss vielleicht ein wenig warten, aber dann bekomme ich, was ich brauche."

*Abb. 6: Volle Zuwendung und Resonanz*

## Aufmerksamkeits-Splitting in der Kita

Feinfühlige Erzieherinnen und Erzieher haben im Laufe ihrer pädagogischen Arbeit gelernt, die Gefühlstönungen aller Kinder wahrzunehmen, die gerade um sie sind. So wenden sie sich jeweils einem Kind zu und erklären ihr Verhalten den anderen Kindern.

Die Reaktionen der Erzieherinnen spiegeln, was sie wahrgenommen haben. Sie versuchen die Erregung eines Kindes zu regulieren, indem sie es ermuntern, es bestärken oder sich selbst Verstärkung von einer Kollegin oder einem Kollegen holen; und sie bemühen sich, Ruhe auf das Kind zu übertragen. Nicht immer gelingt es aber, Klarheit in der Kommunikation herzustellen und den Kindern die Sicherheit des Kontaktes zu vermitteln. Dazu ein Beispiel:

*Die Erzieherin Sophia hat private Probleme und kommt erschöpft in die Kita. Sie versorgt die Kinder wie üblich: Sie setzt sich in Ruhe hin und hilft Johanna (2,2) beim Schneiden des Fleisches – wie immer. Sophia sitzt im rechten Winkel neben Johanna und mag gar nicht sprechen, sie hängt noch ihren Gedanken an zuhause nach. Johanna stochert ein wenig lustlos im Essen und fragt ganz unvermittelt aber bestimmt: „Was denkst du?" Die Betreuerin fühlt sich ertappt, stottert irgendetwas und ärgert sich, dass das Kind merkt, dass sie heute nicht gut drauf ist.*

*Abb. 7: Halbe Aufmerksamkeit*

Solche Tage gibt es in jedem Beruf. Sicher hätte es Johanna aber geholfen, wenn Sophia ihr erklärt hätte, dass es ihr heute gar nicht gut geht und sie nicht viel sprechen möchte. Das hätte das Mädchen verstanden, denn solche Situationen kennt auch ein kleines Kind. In Johannas Alter wächst für solche „unsichtbaren" Vorgänge schon ein erstes Verständnis heran, und über Gefühle lässt sich jetzt schon sprechen. Sehr junge Kinder, vor dem zweiten Lebensjahr, vertrauen auf ihre Erfahrung: Sie verstehen den Inhalt des Erklärten noch nicht, wohl aber die Zuversicht, die in der Stimme mitschwingt, wenn in Aussicht gestellt wird, dass die Situation sich bald ändern wird.

Kinder unter drei Jahren verzeihen, wenn sie verstehen! Wenn sich Sophia am nächsten Tag wieder wie gewohnt Johanna zuwenden kann, vergisst das Kind, was es am Vortag an negativen Reaktionen erlebt hat. Außerdem wird Johanna durch Sophias Vorbild lernen, sich mitzuteilen, wenn sie einmal „nicht gut drauf" ist.

Kinder lernen zuerst durch unbewusstes Imitieren, dann durch Beobachten und gezieltes Nachahmen. Sie gucken von den Erwachsenen ab, wie diese ihre Gefühle wahrnehmen und damit umgehen. Und Kinder lernen: Es gibt keine „guten" und „schlechten" Gefühle, alle sind wichtig und gehören zu uns. Dann ist eine Situation wie die eben beschriebene ganz „normal" und kann auf beiden Seiten akzeptiert werden – ohne Schuldgefühle und ohne die Gefahr, sich verletzt zu fühlen.

# 3. Neugier als Triebkraft für Entdeckungen und für das Lernen

| | | |
|---|---|---|
| 3.1 | Tommi und die große Holz-Lok | 34 |
| 3.2 | Warum die Neugier? | 36 |
| 3.3 | Nadiye zergliedert die Welt | 39 |
| 3.4 | Kontakt und Lernen finden an den Grenzen statt | 41 |
| 3.5 | Neugier regt Grenzerfahrungen an | 43 |

Neugier ist eine Antriebskraft, die zum Leben dazugehört. Sie ist sozusagen die Verbindung zwischen dem Menschen und den noch unbekannten Dingen seines Lebensraumes. Sie bewirkt, dass sich das Kind seine Umwelt erobert, sie sich „verfügbar" macht und sie sich „aneignet".

Neugier ist das typische Verhaltensmotiv in aktiven Phasen – genauso wie Rückzug, Daumenlutschen oder Schlafen typische (Rückzugs-)Verhaltensweisen bei Erschöpfung und Müdigkeit bzw. bei Erschrecken oder Angst, also in passiven Phasen, sind.

## 3.1
## Tommi und die große Holz-Lok

*In der Kleinstkinder-Gruppe steht draußen auf dem Flur eine von einem Vater gebaute Holz-Lokomotive, in der sechs kleine Kinder Platz haben. Tommi, elf Monate alt, krabbelt dorthin, sieht sie genau an, patscht darauf herum, boxt sie mit der Faust und fasst schließlich zu: zuerst mit den Fingerspitzen, dann mit der ganzen Hand.*

*Nun möchte er offenbar herausfinden, was er mit dem Ding machen kann: Kann man es umkippen, es auseinandernehmen? Ob es wohl Töne macht? Er kratzt immer wieder an die Außenwand und bohrt seine Finger in alle Vertiefungen. Aha – jetzt wird es spannend: Das gewaltige Etwas lässt sich schieben, ein kleines Stück zwar nur, aber immerhin. Er kann das Gefährt von seinem Platz stoßen!*

*Janina, die Erzieherin, die das beobachtet, sagt in Tommis Richtung: „Oh, die große Lok! Ist die nicht zu groß für dich?" „Lolo!" antwortet Tommi. Nun legt er sich auf den Bauch und drückt gegen die Lokomotive – aber das ist sehr mühselig, es macht offenbar keinen Spaß. Seine Arme haben im Liegen nicht genug Kraft. „Lolo ..." stöhnt er.*

*Vor kurzem hat er gelernt, sich hinzuknien; das probiert er jetzt aus und drückt so gegen die Lok. Wirklich! Das Objekt rollt vorwärts! Tommi verliert aber die Balance, lässt die Vorderachse, die er festhielt, los und landet auf den Händen. Erstaunt krabbelt er hinter dem Monstrum her. „Lolo?" sagt er wie fragend zu sich selbst. Er versucht es noch einmal und noch einmal – immer mit dem gleichen Ergebnis: Die Holz-Lokomotive bewegt sich von ihm weg, dann muss er loslassen und fällt. Also muss er sich etwas Neues ausdenken.*

Tommi steht auf und sucht eine Stelle, um sich festzuhalten; er findet aber keine. Also klammert er sich an die Vorderachse und zieht sich daran in den Stand hoch. Die Vorderachse ist so tief, dass er gebückt stehen muss. Nun schiebt er vorsichtig noch einmal. Es geht! Er ist zwar ein bisschen wackelig auf den Beinen, aber immerhin, das schwere Ding bewegt sich ein wenig. Nun mal stärker stoßen! Jetzt rollt die Lokomotive richtig, und nun muss Tommi mitgehen, um nicht umzufallen. Nun schupst er, läuft, hält in gebückter Haltung krampfhaft die Vorderachse fest, stellt seine Bewegungen auf das Tempo der Lokomotive ein und schafft es, sie den ganzen langen Flur entlang zu schieben. „Lolo!!" ruft er strahlend in Janinas Richtung.

Am Ende des Flurs stößt die Lokomotive mit einem lauten Krach gegen die Wand. Tommi ist rot im Gesicht. Freude und Stolz sind ihm am ganzen Körper anzusehen. „Guckt bloß mal, was Tommi gemacht hat!" ruft Janina. „Tommi läuft!"

Wenige Dinge sind so fesselnd wie die Beobachtung einer Situation, in der junge Kinder ihrer Neugier und ihrem Forschungsinteresse nachgehen und dabei in jeder Sekunde Neues erfahren und einüben!

*Abb. 8: Toby versucht den Anschluss des Schlauches zu ergründen*

## 3.2
## Warum die Neugier?

Schon Babys wie Tommi sind bewundernswert kompetent und zielgerichtet lernende Personen in einer für sie überaus komplexen Umwelt. Durch ihren Gesichtsausdruck und mithilfe ihrer Körpersprache, durch ihr Lautieren und ihre Gesten, durch die Art und Weise, wie sie ihr „Forschungsobjekt" ansehen und vor allem durch ihre Manipulationen an den entsprechenden Gegenständen können wir ablesen, was die Neugier der Kinder fesselt und was sie im Moment interessiert.

Anders als ältere Kinder und Erwachsene verschaffen sich kleine Kinder ihr Wissen nicht über das Erzählen oder durch das Ansehen von Büchern (und erst recht nicht über das Fernsehen). Sie nutzen jedes Mal alle ihre Sinne als „Info-Kanal" für das Gehirn, das unaufhörlich nach Reizen sucht, um sich weiterentwickeln zu können. So wollen Babys alles anfassen und in den Mund stecken, weil die Haut ihr größtes und am frühesten funktionierendes Wahrnehmungsorgan ist; außerdem sind im Mund- und Fingerbereich die meisten Rezeptoren (Sinneszellen) für die Tastwahrnehmung.

Mit seinem Gleichgewichtssinn und mithilfe seiner Sinne für die Tiefenwahrnehmung aktiviert Tommi jedes Mal auch seinen Sehsinn, den Hörsinn, seinen Geruchs- sowie den Geschmackssinn, um ein größtmögliches Spektrum von Sinneserfahrungen zum Thema „Holz-Lokomotive" zu sammeln. Das und nur das ist Lernen! Die Neugier ist für Tommi die treibende Kraft, um sein „Forschungsprogramm" beharrlich, bis zur Erschöpfung durchzuführen – so lange, bis „nichts mehr geht", bis er das Objekt buchstäblich gegen die Wand gefahren hat.

Félicie Affolter, eine Schülerin des großen Entwicklungsforschers Jean Piaget, hat auch auf eine andere Variante des frühkindlichen Lernens aufmerksam gemacht: Sie geht davon aus, dass das Lernen in der frühen Kindheit die erfolgreiche oder die nicht erfolgreiche Auseinandersetzung mit Widerstand ist. Sie beschreibt Lernen als eine durch das Kind aktiv herbeigeführte Veränderung von Wahrnehmungseindrücken, die durch den Tastsinn, den Gleichgewichtssinn und durch die Tiefenwahrnehmung erworben wurden (Affolter 1991, 17–84). Von besonderer Bedeutung erscheinen ihr dabei die eben beschriebenen Raumlagesinne. Denn würden die nicht funktionieren, hätten das Sehen, das Hören und das Schmecken entweder keine oder eine ganz andere Bedeutung. Das, was Affolter beschreibt, kann mit einem kleinen Selbstversuch ausprobiert werden:

## Warum die Neugier?

> 🌀 Stellen Sie sich vor, Sie wären Tommi. Sie möchten die Lok erforschen und hätten, wie manche Kinder mit Störungen der sensorischen Integration, nur eine sehr eingeschränkte Gleichgewichtswahrnehmung. Ihre Muskelsinne für die Tiefenwahrnehmung erhielten zu wenig Impulse (Die „sensorische Integration" ist die Koordination, das Zusammenarbeiten der verschiedenen Sinne während einer Handlung). Folgende Fragen würden sich stellen:
> - Wie würden Sie sich der Sache nähern (können)?
> - Was würde Ihnen gelingen, was nicht?
> - Wie würden Sie sich mitteilen, um Unterstützung zu holen?
> - Welche Aufmerksamkeit und welche Mitwirkung von Erwachsenen würden Sie benötigen?

Eine wichtige Rolle in Affolters Denkmodell spielt die aktive Auseinandersetzung mit Widerstand als dem wichtigsten Motor des Lernens. Dazu sagt sie: „Ich bewege mich so lange, bis ich einen Widerstand spüre, der meinen Bewegungen entgegensteht. Ich erhalte den Eindruck, etwas zu berühren. Wir sprechen von Kontakt („Mit-Spüren"). Indem ich berühre, stoße ich auf Widerstand. Dieser Widerstand ist die Grundlage der Erkenntnis." (Affolter 1991, 19)

Abb. 9: Stabile Unterlage

Abb. 10: Halt an der „stabilen Seite"

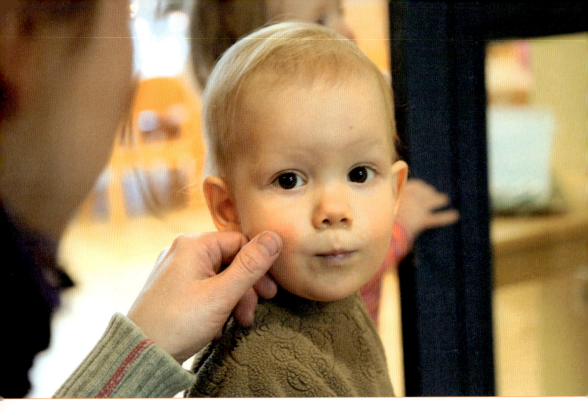

*Abb. 11: Berührung: Kontakt findet an den Grenzen statt*

Tommis Erfahrung der Schwere des eigenen Körpers in Beziehung zur Anziehungskraft der Erde ist nach Affolter die erste verlässliche Größe, die Kindern wie Tommi unbewusst Halt und Orientierung vermittelt.

Die Wahrnehmung der „stabilen Unterlage" (also des harten Fußbodens) auf dem Flur beim Aufstehen, Krabbeln und Gehen wird ergänzt durch Erfahrungen mit der „stabilen Seite" beim Hochziehen an der Lok – wenn die Kraft beim Krabbeln nicht mehr ausreicht. Ständig erfährt Tommi den Wechsel von Stabilität und Instabilität beim Hochziehen und während er an dem Ungetüm die ersten Schrittchen versucht. Solche Grunderfahrungen, in Verbindung mit den anderen Sinnesqualitäten (wie Sehen und Hören, Riechen und Schmecken), führen nach Affolter zur Bildung erster „Grundregeln" über die Wirklichkeit.

Da Kinder in Tommis Alter (und auch lange danach, wenn man sie lässt) unablässig auf Wissenszuwachs aus sind, werden solche Widerstandserfahrungen laufend und bewusst verändert, um eine Variation von Erfahrungsqualitäten zu erreichen. Die werden dann zuerst im Kurzzeitgedächtnis und später im Langzeitgedächtnis geordnet, gespeichert und verarbeitet. Daraus entstehen dann Erinnerungen an das Erlebte, die zu Vorstellungen werden. So entsteht Tommis (und unser) Wissen über die Konsistenz, die Dichte, das Gewicht und über die Beschaffenheit aller Objekte in der umgebenden Welt, ebenso wie über ihren Geruch, ihre Formen und Farben; und genauso entsteht das Wissen über die Tiefe und Höhe des Raumes.

So geht beispielsweise Tommis Erfahrung des Umfasst-Werdens durch seine Eltern und Janina über in die Erfahrung des Umfassens, des Nehmens und Ergreifens, wenn er einen neuen Gegenstand erfassen will. Und: Was immer er dabei lernt, die auf diese Weise entstehenden Wissensbestände werden unmittelbar Anlass zur Entwicklung von Neugier auf das nächste spannende Objekt. Tommi weiß am Ende, was er tun muss, um die riesige Lok in Bewegung zu setzen und wird dies in Folge wahrscheinlich auf alle großen, schweren Gegenstände übertragen. Leider stößt er hier am Ende auf Widerstand, und der ist nicht zu knacken …

Dazu sagt Affolter: „Umwelt ist noch nicht Wirklichkeit. Damit die Umwelt zur Wirklichkeit wird, muss ich mich mit Ursachen und Wirkungen auseinandersetzen. Wie wirkt die Umwelt auf mich, wie wirke ich auf die Umwelt? Wie wirken die Teile der Umwelt aufeinander, seien es Dinge oder Personen? Erst das Wissen über solches Wirken innerhalb meiner Umwelt einerseits und zwischen der Umwelt und mir andererseits lässt mir die Umwelt zur Wirklichkeit werden." (Affolter 1991, 18)

## 3.3
## Nadiye zergliedert die Welt

Dass sich durch die eigene Initiative Dinge in Bewegung setzen und durch Wegnehmen und Loslassen die Beziehung der Dinge untereinander verändern lässt, verhilft einem Kind dazu, zu verstehen, wann Dinge getrennt sind und wann sie zusammengefügt werden. Damit es das verstehen kann, muss es zuerst „die Welt auseinandernehmen" und die Einzelteile für sich ergründen, um sie dann wieder zusammenzufügen.

Vor der „Konstruktion" kommt in den ersten drei Lebensjahren also die „Destruktion"; und das hat sehr viel mit kaputt machen und Chaos zu tun, was für viele Erwachsene völlig unverständlich und schwer zu akzeptieren ist.

Zu diesem Thema erzählt Janina von einem Ereignis mit Nadiye, vierzehn Monate alt, bei dem sie sehr viel darüber gelernt hat, wie Kinder sich die Welt im Detail erfahrbar machen:

> „Es war an einem Tag im Dezember. Nadiye hat mich immer wieder aufgefordert, sie hochzunehmen, mit ihr auf Entdeckungstour zu gehen. Zuerst interessierte sie ein Perlmuttknopf an meiner Bluse. Trotz dem Ziehen, Zerren, dem Drehen mit den Fingern und dem (zahnlosen) Beißen ging er nicht ab. Ich fürchtete um den Knopf und hatte auch keine Lust, mit offener Bluse zu arbeiten. So versuchte ich, Nadiye mit einem Keks abzulenken. Den steckte sie, anscheinend uninteressiert, in den Mund und ließ dabei Krümel regnen, die sie dann einzeln aufpickte und betrachtete.

*Dann streckte sie die Arme zum Adventskranz aus. Dabei sagte sie 'ehh, ehh, ehh', neigte sich in dessen Richtung, stieß mich, weil ich offenbar begriffsstutzig war, mit den Füßen, strampelte – und dirigierte mich so ganz dicht an den Kranz heran. Ich hatte den Eindruck, dass ihr beim Anblick der glänzenden Fichtennadeln geradezu das Wasser im Mund zusammenlief. 'Nein!' sagte ich deutlich, denn ich wollte nicht, dass sie sich in Gefahr brachte. Und jetzt fing sie wirklich bitterlich an zu weinen. Daraufhin brach ich ihr einen kleinen Zweig ab. 'Wie kannst du dem Kind denn einen Tannenzweig geben? Wie kannst du das bloß verantworten?' fragte meine Freundin, die das Ganze beobachtete. 'Fichtennadeln sind ungiftig' gab ich zur Antwort und sagte zu Nadiye: 'Fichtennadeln piksen!' Sie sagte daraufhin vergnügt: 'piiiiit!', fasste die Nadeln vorsichtig mit den Fingerspitzen an und zog die Hände schnell wieder zurück. Sie machte Fäuste, offensichtlich hatten die Spitzen gepikt. Trotzdem packte sie noch einmal zu; 'piiiitt!' kommentierte sie das. Sie steckte einzelne Nadeln prüfend in den Mund, spuckte sie schnell, mit leicht schmerzverzogenem Gesicht wieder aus und dann wanderten ihre Finger wie zur Beruhigung zwischen die Lippen. Dann aber noch einmal! In den Mund mit den Fichtennadeln, wieder dieses kurze Entsetzen und Abwenden – und das Ganze wieder von vorn. Das ging fast eine Viertelstunde lang. Was interessierte das Mädchen bloß an dem langweiligen kleinen Fichtenzweig? Übrigens: Von diesem Tag an hat Nadine sich nie wieder so intensiv mit Fichtenzweigen beschäftigt.*

*Als neues Ziel von Nadiyes Forschungsinteresse erwies sich sehr bald die Keksschachtel. Aber ich war der Meinung, ihr genug Gelegenheit zur Befriedigung ihrer Neugier gegeben zu haben und reagierte nicht. Prompt rutschte sie von meinen Knien, krabbelte zum Tisch und zog vorsichtig die Schachtel heran. Ich dachte, sie hat es auf die Kekse abgesehen, aber nein, die fegte sie hinunter. Die Pappe mit dem kontrastreichen Muster hatte es ihr angetan! Sie betrachtete sie lange und geradezu entzückt. Sie drehte sie um und um, inspiziere sie von allen Seiten und sah mich an. Dann – schwups – wanderte die Lasche in den Mund. Sie zerrte mit ihren drei Zähnen daran herum, bekaute das Papier, riss die Pappe in kleine Fetzen und betrachtet sie einzeln. Diese ekligen Veränderungen machten die Schachtel offensichtlich immer interessanter. Allmählich wurde daraus glitschiger, grauer Matsch. Jetzt fing sie an, den Matsch durch die Finger zu quetschen. Da reichte es mir. Ich habe sie in den Waschraum geschleppt und erst mal gereinigt – aber den Protest hätten Sie hören sollen!"*

In diesem Beispiel wird eine weitere Erkenntnis Affolters deutlich: Geistige (und körperliche) Entwicklung ist auch „gespürte Interaktion zwischen Kind und Umwelt in Form problemlösender Geschehnisse" – vorzugsweise in der konkreten Alltagsbewältigung (Affolter 1991, 14).

## 3.4 Kontakt und Lernen finden an den Grenzen statt

Tommi und Nadiye meistern mit ihren Erkundungen komplizierte Tätigkeitsabfolgen, innerhalb derer ihnen einzelne Elemente der dinglichen Welt begreifbaren Widerstand entgegensetzen (Lok und Schachtel). Und diesen Widerstand wollen sie erfolgreich bewältigen. Das ist eine geglückte Grenzerfahrung. Nichts anderes tun Kinder von Beginn an, während der ganzen Kindheit und mit steigendem Herausforderungsgrad: Nach Grenzerfahrungen suchen und diese bewältigen.

Es ist zu vermuten, dass Kinder, die immer zu wenig Chancen für geglückte Grenzerfahrungen hatten, diese irgendwann nachholen – und das meist an falscher Stelle. Dadurch können sie aber andere Menschen, Dinge und sich selbst schädigen. Es ist auch zu vermuten, dass Kinder, die sich immer erfolglos mit Widerstand auseinandergesetzt haben, die immer unterlegen waren, die zum Lernen gezwungen,

*Kontakt findet an den Grenzen statt.*
Weisheit der Gestalt-Psychotherapie

Abb. 12: *Kontakt findet an den Grenzen statt: schieben, drücken, ziehen, zerren*

überredet, genötigt und bei Misserfolg entwertet oder bestraft wurden, den Widerstand meiden, indem sie sich unterwerfen und damit das Lernen aufgeben.

Im Kontakt an den Grenzen bilden sich in jeder Alltagssituation, neben emotionaler Sicherheit und Kompetenzgefühl auch Kenntnisse und Fertigkeiten aus. Sie befähigen Kinder auch zur Orientierung in Raum und Zeit und unterstützen die Ich-Findung: „Hier ist etwas anderes als ich, hier ist ‚die Welt' und somit: hier bin ich!" (Affolter 1991, 19)

Was haben nun Tommi und Nadiye mit ihrem „Forschungsprogramm an den Grenzen" gelernt? Eine ganze Menge! Sie haben die Fähigkeit erworben, in organisierten motorischen Aktionen die richtigen Bewegungen auszuführen (beim Krabbeln, beim gezielten Ergreifen, beim Drücken, Zerreißen, Zermatschen, beim Schieben, beim Aufrichten zum Hinknien, beim Hinstellen, wenn sie einen Fuß vor den anderen setzten oder beim Laufen). Das Zerlegen der Schachtel und das Schieben der Lok erfordern motorische Handlungsketten, die aus vielen Einzelgliedern bestehen. Tommi und Nadiye lernen täglich neue dazu, weil sie in einer „vorbereiteten Umgebung" die entsprechenden Möglichkeiten finden. Darauf kommen wir später zurück.

Beide Kinder haben sich durch „Symbolgebrauch" verständlich gemacht. Sie haben wahrscheinlich nicht zum ersten Mal erkannt, dass sie bestimmte Laute symbolisch nutzen können, um über ihr momentanes Forschungsobjekt etwas mitzuteilen. Sie haben im wahrsten Sinne des Wortes be-griffen, dass Dinge, Sachverhalte und Handlungen einen Namen haben. Sie haben gelernt, eine sprachliche Information zu geben und zu formulieren. Wenn Tommi glückstrahlend „Lolo" und Nadiye „piiiiit!" sagen, so sind damit nicht nur die Holz-Lokomotive oder der Fichtenzweig gemeint: In diesem Fall berichten sie mit ein oder zwei Silben über die ganze Fülle aufregender Erfahrungen, die sie mit sich und den beiden Gegenständen gemacht haben. Vorläufig ist der interessante Inhalt von „Lolo" und „piiiiit!" nur Janina bekannt, die alles beobachtet und begleitet hat. An ihr ist es nun, als Dolmetscherin zu wirken und den Eltern sowie dem Team mitzuteilen, was die Silben bedeuten, damit die beiden Kinder sie weiter ausbauen können. Das wird Tommi und Nadiye anregen, ihre sprachliche Ausdrucksfähigkeit zu vervollkommnen, um von immer mehr Menschen immer besser verstanden zu werden.

Beide Kinder haben – zuerst unbeabsichtigt und dann immer gezielter – verschiedene Möglichkeiten erprobt, um das Objekt ihrer Neugierde eingehend zu untersuchen. Tommi zum Beispiel hat sich das Schieben in einer bestimmten Reihenfolge erarbeitet: durch Hinkrabbeln, durch das Ergreifen des Haltepunktes, durch das Aufrichten zum Stehen und durch das Stehen mit Halt schließlich in das Gehen mit Halt. Er hat über Wahrnehmung und Bewegung den Ansatz einer kognitiven Strategie entwickelt, und die wird er in Folge wiederholend testen, um vielleicht zu einer noch günstigeren

Handlungsabfolge zu kommen. Später wird er diese Fertigkeit brauchen, um schwierige Probleme zu lösen oder Denkvorgänge zu bewältigen.

Tommi und Nadiye haben – wahrscheinlich nicht zum ersten Mal – durch Janinas Verständnis und ihre Ermutigung eine akzeptierende Einstellung zum eigenen Handeln und Lernen gewonnen: „Ich kann Mittel und Wege finden, um eine schwierige Aufgabe zu lösen. Lernen ist spannend; manchmal ist es mit Misserfolgen verbunden, aber das kann mich nicht von meinem Ziel abhalten." Allerdings braucht es auch Trost, wenn etwas nicht klappt. Die positive Selbsteinschätzung, die von den Erwachsenen in der Kita immer wieder gestärkt wird, ist Grundlage für die positive Einstellung sich selbst und anderen Menschen gegenüber – und für die nötige Zuversicht: Dass sich Probleme mit Kreativität und Ausdauer meist lösen lassen und Herausforderungen weiterbringen.

## 3.5
## Neugier regt Grenzerfahrungen an

Wie gesagt: Kontakt (auch zum eigenen Selbst) findet an den Grenzen statt. Genau besehen suchen Kinder von Anfang an Widerstand und Herausforderung. Wenn sie in den ersten Jahren täglich „im Kleinen" die Chance zur begleiteten Selbsterprobung haben und daran üben können, kann ihr Bewusstsein für die eigenen Stärken und für die Grenzen ihrer Leistungsfähigkeit und Belastbarkeit wachsen. Später haben es diese Kinder nicht mehr so nötig, sich durch Mutproben zu beweisen, bei denen sie sich Gefahren aussetzen, die für sie und andere nachteilig ausgehen könnten: zu hoch auf Bäume klettern, auf fahrende Züge springen oder Automaten knacken.

### *Neugier bewirkt individuelle Reaktionen*

Die Geschichte von Nadiye lässt erkennen, dass wir alle in unterschiedlicher Weise fähig sind, auf das Neugierverhalten eines Babys zu reagieren. Wie wir auf dieses neugierige Erkunden eines kleinen Kindes reagieren, hat viel damit zu tun, wie wir mit unserer eigenen Neugier umzugehen gelernt haben. Davon unberührt ist natürlich die Verantwortung, die wir als Erwachsene einem kleinen Kind gegenüber haben; das erstreckt sich z. B. auf das Sichern von Steckdosen, auf das Wegtun von giftigen Substanzen und auf das Stehenbleiben am Straßenrand. Aber hinter dem Satz „Ich bin dafür verantwortlich, dass mein Kind keine negativen Erfahrungen macht" kann noch mehr stecken, nämlich die eigene Angst vor dem Neuen – und das kann leicht zum Hindernis für das Kind werden.

Dass man Erfahrungen selbst machen muss, ist ein tautologischer Satz: Es ist ein Unding, sich vorzustellen, dass andere Menschen für uns Erfahrungen machen könnten.

Andere können uns von ihren Erfahrungen berichten und wir können daraus profitieren. Aber ihre Erfahrungen sind nie unsere, und wir können sie auch nur verstehen, wenn wir selbst ähnliche Erfahrungen gemacht haben. So werden wir lernen müssen, zu akzeptieren, dass niemand seinen Kindern wesentlich mehr Erfahrungsmöglichkeiten bieten kann, als er inzwischen für sich selbst gewonnen hat. Janina sagt dazu:

*„Auf Grund ihrer eigenen Vorerfahrungen hätte meine Freundin der kleinen Nadiye die Erfahrung mit den Fichtennadeln nicht ermöglicht, die ich ihr erlauben konnte. Notwendigerweise hätte sie versucht, über ihren Schatten zu springen."*

Wer aber so gewaltsam mit sich selbst umgeht, der riskiert Verkrampfung und Rückschläge – bei sich und dem Kind. Und wenn dem Kind dann etwas zustößt (was beinahe schon eine zwingende Folge einer solchen Verkrampfung ist), wird das als „Beweis" dafür gesehen, dass man es nicht hätte riskieren dürfen. Die Folge ist dann oft eine noch viel größere Ängstlichkeit und Zurückhaltung, was die Erfahrungen des Kindes nochmals einschränkt. „Da im Falle von Nadiye ich die Verantwortung hatte, konnte

*Abb. 13: Ob ich die Spinne da draußen zu mir hereinholen kann, wenn ich mit dem Bauklotz kräftig auf die Fensterscheibe klopfe?*

meine Freundin den Fichtenzweig innerlich ‚loslassen' und zugucken, wie ich dem Kind das Experiment ermöglichte", sagt Janina.

Bei der Begleitung von kindlichen Experimenten muss es selbstverständlich so sein, dass der oder die Erwachsene potenzielle Gefahren im Voraus erkennt und die möglichen Varianten des kindlichen Spiel- und Experimentierverhaltens sichernd begleiten kann. Besondere Achtsamkeit ist natürlich gefordert, wenn Kinder ab dem sechsten Lebensmonat mit kleinen und kleinsten Dingen zu hantieren beginnen. Damit können sie einerseits ihre feinmotorischen Fertigkeiten deutlich erweitern: Mit Bohnen und anderen kleinen Teilchen zu experimentieren, ist eine unverzichtbare Erfahrung, die immer dann zugelassen werden sollte, wenn der intensive begleitende Kontakt möglich ist, sodass diese Teilchen nicht verschluckt bzw. in Ohr oder Nase gesteckt werden. („Minimaterialien" finden sich in großer Variationsbreite in gut ausgestatteten U3-Gruppen auf den oberen Regalböden.)

## *Neugier schafft Veränderungen*

Die verschiedenen Ebenen, Nischen und Tunnel im Gruppenraum sind ein Reich voller spannender Geheimnisse. Manche überlastete Mutter bzw. mancher nervöse Vater können solche Eroberungen allerdings nicht gestatten. Wenn sie in den Gruppenraum kommen, verbieten sie ihrem Kind, sich die Bewegungslandschaft eigenständig zu erobern. Sie können nicht wirklich verstehen und erst recht nicht akzeptieren, was Ella sagt: Dass die Kinder, wenn sie in Begleitung neue Erfahrungen machen, sich nur an diejenigen Herausforderungen heranwagen, von denen sie sicher wissen, dass sie diese auch bewältigen können.

Eltern, die öfter Gelegenheit bekommen, zu hospitieren oder Videoaufzeichnungen aus dem Alltag der U3-Gruppe anzusehen, haben die Chance, sich von den für sie überraschenden Selbstregulierungsfähigkeiten der jungen Kinder zu überzeugen. So können sie allmählich ihre Angst um ihr Kind verringern und dafür Vertrauen in seine Fähigkeiten zur Selbststeuerung wachsen lassen.

Im Zusammensein mit anderen Menschen sind auch für uns Erwachsene neue Erfahrungen möglich, die uns (in entspannten Situationen) helfen können, jene Ängstlichkeit zu überwinden, gegen die frontal vorzugehen nicht nur sinnlos, sondern sogar gefährlich wäre. Aber das bedeutet auch, den Versuch immer wieder neu zu starten, sich mit der eigenen Unzulänglichkeit auszusöhnen. Ein solcher Abbau von Ängsten – und die damit einhergehende Veränderung von Erziehungsvorstellungen – sind oft sehr schwierig, manchmal scheinen sie fast unmöglich zu sein. Dazu ein Beispiel:

*Die Erzieherin Ella sitzt mit Adrians Mutter zum Gespräch im Sprechzimmer der Kita. Die Mutter erzählt, dass sich ihr Mann um die beiden Kinder kümmert, wenn sie selbst ihrem Beruf nachgeht. Adrian ist eineinhalb Jahre alt und Claudia drei. Die Mutter erzählt:*

*„Mein Mann ist sehr um die Ordnung in unserer Wohnung besorgt und verlangt von Adrian, nur in seinem Zimmer mit den Spielsachen zu spielen. Ich sehe das Problem, dass der Junge auf die Art und Weise sehr eingeschränkt wird und ich nehme mir jeden Tag bewusst vor, ihn nachmittags frei und ohne Gängelung spielen zu lassen."*

*Da sie dabei praktisch gegen die Erziehungsnormen ihres Mannes verstößt (und also die ganze Verantwortung auf sich nimmt), ist sie anfangs besonders ängstlich: „Zum Beispiel bin ich noch vor zwei Monaten richtig hysterisch immer hinter Adrian her gerannt, wenn er zum Spielplatz laufen wollte, der direkt an unsere Terrasse grenzt. Er war immer in Sichtweite! Trotzdem hatte ich immer so wahnsinnige Angst. Ich dachte immer: ‚Was kommt jetzt als Nächstes? Wo rennt er nun bloß wieder hin? Was stellt er nun wieder an?' Ich dachte: ‚Diese irre Entdecker-Wut bringt ihn doch dauernd in Gefahr, selbst in der Wohnung. Und ich muss immer aufpassen wie ein Schießhund!'*

*Es hat Monate gedauert, bis ich dahintergekommen bin, dass er immer in meiner Nähe blieb und irgendwo kleine Krümel oder Steinchen aufsammeln wollte. Ich laufe jetzt nicht mehr gleich hinterher, weil ich das weiß. Ich trau ihm inzwischen auch zu, dass er nicht gleich auf die Nase fällt. Irgendwie habe ich durch die Erfahrung mit ihm Zutrauen zu ihm gewonnen."*

Oft entlädt sich nachmittags, wenn die Mutter wieder da ist, Adrians aufgestaute und unterdrückte Neugier fast explosionsartig. Die Mutter sieht es als Bestätigung dafür, dass ihre Versuche, Adrian viel Bewegungsspielraum zu geben, richtig sind; zugleich aber entstehen bei ihr neue Ängste. Die Gespräche mit Ella helfen ihr, diese Ängste geringer werden zu lassen und mehr innere Ruhe zu finden.

## *Die Welt erobern*

Adrians Geschichte ist ein extremes Beispiel, da in der Regel die Ängste der Eltern nicht so weit ausgeprägt sind wie in Adrians Familie. Diese Geschichte steht im Gegensatz zu den Folgenden – z. B. zu der von Vincent, von seiner Neugier und von den Erfahrungen, die er beim Selbständigwerden macht. Bei diesem Beispiel wird deutlich, wie die Kinder, ausgehend von der „sicheren Ausgangsbasis" (welche allemal die Voraussetzung für Aktivität, Neugier und Erkunden ist), immer weitergehende Erkundungen vornehmen. Zugleich wird aber auch klar, dass eine gelingende Eroberung der Umwelt nicht ohne Ungeduld oder Unruhe bei denen möglich ist, die für das Kind verantwortlich sind. Ella berichtet:

*„Mit sechs Kindern ging ich bei herrlichem Wetter zum öffentlichen Spielplatz. Während ich anfing, mit Timmi und den anderen Kindern im Sandkasten zu buddeln, ging Vincent zu einem fremden Mann, der einige Meter weiter einen Ball in der Hand hielt. Vincent fragte: ‚Woll'n wa jetzt mal Ball spielen?' Der Mann willigte ein und tobte mit dem Jungen neben der Sandkiste auf dem Rasen herum. Ich beobachtete die Szene aus den Augenwinkeln, während ich Sand tauschte mit Timmi. ‚Eigentlich toll, dass dieses stille Kind sich mal jemanden zum Spielen sucht!' schoss es mir durch den Kopf. ‚Ob er sich zufällig einen ‚Vater' ausgeguckt hat? Wo er doch zuhause keinen hat?'*

### 1. Vorstoß
*Plötzlich flitzte Vincent die Rasenfläche entlang und zu einer Parkbank hin. Mir fiel ein: Der Park ist nicht eingezäunt! Vincent könnte, falls er durch die Büsche wischt, zur Straße gelangen. Ich wartete einen Augenblick, sprungbereit in seine Richtung. Da machte er auch schon kehrt und kam schnell zurück zu uns. Ich atmete auf. Es war gut gegangen!*

*Strahlend kam er an. ‚Ich hab der Frau gesagt, wir sind hier!' Stolz, aber auch Verunsicherung las ich in seinem Blick. ‚Ich habe aber Angst gehabt, weil du so weit weggegangen bist', antwortete ich. ‚Bleib aber jetzt bei uns', bat ich ihn. Und er hielt sich daran.*

### 2. Vorstoß
*Ein anderer Sommertag, später im Jahr. Am selben Platz. Ich zeigte Vincent ein Dreirad, das wir mitgebracht hatten. ‚Willst du damit mal fahren?' Vincent zögerte. Er traute sich wohl nicht. Aber dann war die Versuchung wohl doch zu groß! Er blieb in meiner Nähe, klingelte und rief von verschiedenen Orten: ‚Hier bin ich, Ella!' Ich war froh, dass er in meiner Nähe blieb und trotzdem etwas Neues ausprobierte. Aber es dauerte nicht lange, da fuhr er auf den Asphaltwegen des Parks hin und her. Dann entfernte er*

*Abb. 14: Auf dem Dreirad davonflitzen*

*sich von uns. Er drehte jeweils eine Runde und kam zurück. Unterstützt durch heftige Gestik, indem er mit seinen Armen einen Kreis in der Luft beschrieb, versicherte er, er würde immer im Kreis fahren und wiederkommen. Und er vergrößerte seine Kreise!*

*Ich war innerlich hin- und hergerissen zwischen Stolz auf so viel Mut und Selbständigkeit und meinen Ängsten wegen der Entfernung. Schließlich waren noch fünf andere Kinder da, um die ich mich kümmern musste. Obwohl die vertieft in ihr Matschspiel in der Sandkiste waren, strengten mich Vincents erste Versuche, selbständig zu werden, sehr an. Mit meinen Blicken hüpfte ich von Kind zu Kind, prüfte, ob alles in Ordnung war – und bewunderte Vincent, der es erstmalig schaffte, sich so weit von uns zu entfernen und mich zwischendurch durch Blickkontakt zu beruhigen."*

Jedes Kind geht auf seine Weise seinem Entdeckerdrang nach – mit seiner Neugier, seiner Freude, Lust und Spannung. Wir Erwachsenen dagegen sind abwartend, passen auf, fürchten mögliche Folgen. Dazu berichtet Ella Folgendes:

*„Die täglichen Erfahrungen in der Kita mit dem, was sich die Kinder zutrauen, haben dazu geführt, dass ich immer besser einschätzen kann, was ich ihnen zutrauen kann und wann ich sie ‚bremsen' muss. Wir haben unsere Räume in alle Richtungen so unterteilt, dass Rückzugsmöglichkeiten, verschiedene Bewegungsmöglichkeiten und Materialien in unterschiedlichen Schwierigkeitsgraden vorhanden sind. Wir gestalten den Tagesablauf bewusst so, dass die Kinder in allen Situationen einen größtmöglichen Freiraum haben und wir nicht ständig ‚nein' sagen müssen. Wir greifen selten ein und kommen mit einem Mindestmaß an Kontrolle aus."*

Dieses aktive Eingehen von Wagnissen und das autonome Sichentfernen führt bei den Kindern zur Gewissheit: „Ich kann auch Halt bei mir selbst finden." Ein tragfähiges Selbstbewusstsein und Selbstvertrauen entstehen nur auf diese Weise!

*„Unsere Kinder kehren schließlich immer wieder zu uns, zu der ‚Ausgangsbasis', dem sicheren Halt, zurück. Hier tanken sie gewissermaßen wieder auf, damit sie beim nächsten Mal noch einen Schritt weiter gehen können". Und darum müssen die Kinder mitbestimmen können, wie weit und wie hoch sie gehen bzw. klettern. Denn wir können ja nicht wissen, wie groß das Bedürfnis zum Festhalten noch ist, wann sich die Angst vor Fremden und die Lust der Neugier die Waage halten, bevor sie wieder zurückkommen.*

## Neugier regt Grenzerfahrungen an

*Wenn wir sie aber zwingen, weiter zu gehen, als sie es von sich aus können oder wollen, dann verlieren sie ihren Halt, Angst breitet sich aus. Die Folge ist, dass sie sich anklammern müssen – und in Zukunft werden sie sich nicht mehr so neugierig der Welt zuwenden."*

Wenn Kinder oft die Erfahrung machen: „Ich kann vieles schon ganz allein", dann können sie auch in schwierigen Situationen den Mut aufbringen, selbst eine Lösung zu suchen; sie müssen dann nicht darauf warten, dass andere, Stärkere, es schon machen werden.

Die gleichen Kinder, die in der Kita ungefährdet viele Wagnisse eingehen, können aber auch sehr widersprüchliche Erfahrungen machen – wenn sie z. B. übervorsichtige Eltern haben. „Sei vorsichtig, fass das nicht an, fall da nicht runter, mach dich nicht schmutzig!" Das ist oft von besorgten Eltern zu hören, wenn sie mit ihren kleinen Kindern auf dem Spielplatz sind. Wie ist es zu erklären, wenn Eltern die Neugier der Kinder aus Besorgnis stark einschränken? Und was passiert, wenn die Erzieherinnen in der Kita sich ganz anders verhalten und Erfahrungen zulassen? In den nächsten beiden Beispielen zeigen sich die Probleme, die sich für die Erzieherinnen ergeben, wenn Eltern das Neugierverhalten ihrer Kinder stark einschränken.

# 4. Wenn Neugier und Forschen unerwünscht sind

| | | |
|---|---|---:|
| 4.1 | Aggressionen gegen sich selbst | 51 |
| 4.2 | Aggressionen gegen Schwächere | 52 |

## 4.1 Aggressionen gegen sich selbst

„Anja, nein!" Anja, zwei Jahre alt (die jüngste von sechs Geschwistern), zuckt zurück. Sie hatte nach einem Holzfigürchen, das im Regal des Leiterinnenbüros steht, gegriffen. Trotz der schneidenden Warnung ihrer Mutter wendet sie sich jetzt dem Kasten voller weißer Würfel zu, der auf dem Fußboden neben der Tür steht. Versuchsweise nimmt sie einige heraus. „Lass das! Du weißt genau, dass du in fremden Zimmern nichts anfassen darfst!"

Die Szene spielt sich ab, während Ella mit Frau G. über die Aufnahme des Kindes in die Kita spricht. Frau G. möchte Geld in einer Schneiderwerkstatt hinzuverdienen. Um Anja während des Gespräches zu beschäftigen, hat Frau G. eine Barbie-Puppe und ein Häschen für sie mitgebracht. Aber die können Anjas Interesse nicht fesseln. Die letzte Mahnung hat Frau G. mit einem Unterton von Wut und Verzweiflung hervorgestoßen.

Jetzt hat Anja den Lichtschalter entdeckt. Die Mutter versucht, es zu ignorieren. Anja knipst das Licht an, aus, an, aus. Frau G. springt auf und schlägt Anja auf die Finger. Anstatt zu weinen oder etwas zu sagen, blickt Anja ihrer Mutter starr ins Gesicht und streckt erneut die Hand nach dem Lichtschalter aus. Frau G. sagt: „Das ist furchtbar mit diesem Kind! Sie weiß genau, was sie darf und was nicht. Das macht sie jetzt bloß, weil wir hier sind!" Anja versucht noch einmal, das Licht anzuknipsen. Frau G. starrt sie mit eisigem Schweigen an. Anja erschrickt. Sie läuft nicht weg und weint auch nicht. Sie bleibt stehen, ballt eine Hand zur Faust, steckt sie in den Mund und beißt sich heftig auf die Handknöchel.

Zunächst sind für Ella als Außenstehende die Verhaltensweisen von Mutter und Tochter unverständlich. Aber sie unterhält sich in den nächsten Tagen häufiger mit Frau G. und dabei wird ihr manches klarer: Anjas Familie lebt unter sehr beschränkten finanziellen und räumlichen Bedingungen. Der achtköpfigen Familie steht nur eine beengte Vierzimmerwohnung zur Verfügung. Unter Aufbietung aller Kräfte versuchen die Eltern, die Familie gut über die Runden zu bekommen. Frau G. leidet unter der Kinderfeindlichkeit, der sie häufig begegnet. Ihre große Kinderschar empfindet sie als sozialen Makel. Sozusagen zum Ausgleich versucht sie ständig, nicht negativ wegen der Kinder aufzufallen. Dazu gehört wohl auch, dass sie jederzeit eine penibel aufgeräumte Wohnung und Kinder vorzeigen möchte, die sich nichts zuschulden kommen lassen – auch wenn sie noch so jung sind wie Anja.

*Anjas Entdeckungsfreude bringt diese mühselig aufrechterhaltene Ordnung in Gefahr. Bei ihren Versuchen, alles kennen zu lernen und auseinanderzunehmen, stößt Anja auf den Widerstand der Mutter. Anjas Neugier bekommt also ständig neue Dämpfer. Der daraus entstehende Zorn aber findet keinen Weg nach draußen – Anja hat gelernt, dass das böse Folgen hätte. So wendet sie diese Aggression gegen sich selbst.*

Man kann häufiger beobachten, dass Menschen mit Angst auf den Forschungsdrang kleiner Kinder reagieren, wenn sie diese nicht gut einschätzen können. Sie stellen dann die Verantwortung für die Unversehrtheit des Kindes in den Mittelpunkt ihres eigenen Handelns. Und aus dieser Angst heraus verstärken sie auch die Kontrolle über das Kind und engen seinen Bewegungskreis ein. In einer, ihrer Meinung nach, mehr oder weniger kinderfeindlichen Umwelt, in der überall Gefahren drohen und kindlich spontanes Verhalten darum „gefährlich" erscheint, sieht diese Angst sogar vernünftig aus – sie trägt das Gewand gerechtfertigter Vorsicht.

Je besser man ein Kind mit seinen Ressourcen und Unsicherheiten kennt, desto mehr Raum kann man ihm bieten. Wenn Erwachsene aber selbst beeinträchtigt sind (durch momentane seelische Belastungen, durch Krankheit oder Überforderung), sind sie mit der Aufsicht eines Kindes und mit der Sorge für das Kind überfordert; dann passieren auch leichter Unfälle. In solchen Situationen wird einem Kind auch sein Recht auf „freies Forschen" verwehrt.

Die Einschränkung der kindlichen Neugier und der Bewegung aber kann zu aufgestauten Gefühlen führen. Für deren Abreaktion ist die Aggression gegen sich selbst eine Möglichkeit, ohne dass dabei die Eltern verletzt werden. Auch Nägelkauen, Haare reißen, das Zerkratzen der eigenen Haut und der Lippen sind häufig zu beobachtende Formen dieser Aggression.

## 4.2
## Aggressionen gegen Schwächere

Aufgestauter Bewegungsdrang und unbefriedigte Neugier führen aber nicht nur zu Aggressionen gegen sich selbst, sondern auch zu Aggressionen gegen Schwächere. Im nächsten Beispiel geht es darum:

*Renate sitzt mit ihrem Sohn im Garten der Kita und möchte mit der Erzieherin Ella sprechen. Es geht ihr nicht gut. Ihr Mann ist vorübergehend im Ausland; sie hat deswegen ihren Sohn Jan, eineinhalb Jahre alt, seit einigen Wochen (nach der Vormittagsbetreuung in der Kita), bis in die Abendstunden zu einer Tagesmutter in Pflege gegeben. „Oh, du meine Güte!", so eröffnet sie mit einem miss-*

## Aggressionen gegen Schwächere

trauisch-besorgten Blick auf Jan das Gespräch. „Hoffentlich packt ihn heute nicht wieder seine Entdecker-Wut! Ich kann das im Moment so schwer verkraften. Seit das Kind nachmittags noch bei Frau F. ist, ist es nicht mehr zu bändigen. Jan spielt bei jeder Gelegenheit verrückt."

Renate wendet sich an den Jungen: „Komm Jan, hier ist etwas zu trinken für dich!" Jan kommt, nimmt einen Schluck, will auf den Schoss. Renate bietet ihm ein Stück Kuchen an, er zerkrümelt es, rutscht vom Schoss, rennt zum Zaun. Renate läuft sofort hinter ihm her. Sie befürchtet, er könnte hinüberklettern und auf die Fahrbahn laufen. Renate trägt ihn zum Tisch zurück und bietet ihm einen Plastik-Hubschrauber an, den er nach kurzem Befingern wegwirft. Stattdessen fordert er Saft. „Oh, Jan!" stöhnt Renate und sagt: „So geht das wirklich ständig. Ich weiß nicht, was diese Verrücktheiten bedeuten. Er scheint es einfach nicht zu verkraften, dass Christian in Amerika ist. Ob er schon eine Macke hat? Bei Frau F. ist er brav und still wie ein Lamm. Aber die greift auch unheimlich durch. Er darf da nichts anfassen oder runterreißen. Aber sobald er endlich zuhause ist, pfeffert er sein Spielzeug durch die Gegend. Ich verliere dann auch mal die Nerven. Im Moment geht das alles über meine Kraft. Oh, guck bloß, was er jetzt wieder macht. Jan!!!"

Jan hat in der Sandkiste den geistig behinderten Patrick entdeckt, der ruhig auf einer Decke sitzt und ein Spielzeug betrachtet. Von Jan nimmt er keine Notiz. Der patscht ihm kräftig auf den Kopf. Patrick duckt sich. Jan wiederholt den Patscher etwas kräftiger. Patrick kraust die Stirn, duckt sich weiter. Renate reißt Jan weg. „Nein, das darfst du nicht, mach Patrick ei!" Sie nimmt Jans Hand, und er, plötzlich ganz ruhig, streichelt über Patricks Kopf. Kaum hat sich Renate aber hingesetzt, versetzt Jan Patrick wieder einen Schlag, diesmal ziemlich stark.

Ella steht auf und nimmt Patrick auf den Arm. Mit beiden Kindern geht sie zum Planschbecken, wo Jan sich vom Wasser ablenken lässt. Ella gibt ihm einen Satz Plastikschüsseln und er fängt an, Wasser von einer Schüssel in die andere zu gießen und dabei kräftig zu spritzen und zu brüllen „Bang! Bang!! Bang!!!"; dabei hält er sich dicht an Ella. Die erzählt Patrick, was Jan da gerade tut und legt schon mal ein Handtuch und ein trockenes T-Shirt bereit ...

Jans aggressives Verhalten hat ganz andere Ursachen als Anjas. Jan ist innerlich gründlich verunsichert: Sein Vater, der bisher nachmittags für ihn da war, ist „verschwunden"; stattdessen betreut ihn eine völlig fremde Person. Diese kann er nicht annehmen, und ihre „Erziehungsmaßnahmen" stehen zudem in krassem Gegensatz zu dem bisher Gewohnten. Seine Mutter versucht durch nachgiebiges Verhalten, durch Selbstaufgabe und mithilfe von Ablenkung etwas wiedergutzumachen, wofür sie sich schuldig fühlt.

Bei so viel Veränderung und ungewohnter Einengung durch die Pflegemutter ist es kein Wunder, dass sich Patrick bei schwächeren Kindern abreagiert. Im Unterschied zu Anja, die sich still in die Faust beißt, kann er seine Angst- und Wutgefühle nach außen transportieren. Um diese Wut in angemessener Weise „loszuwerden", braucht er Ella, eine vertraute und selbstsichere Bezugsperson.

Im Alter zwischen sechs Monaten und etwa drei Jahren reagieren Kinder besonders empfindlich auf die Trennung von vertrauten Bezugspersonen und auf den Verlust der gewohnten Umgebung. Das macht sie besonders anfällig bei zusätzlichen Belastungen. Jede Veränderung, die die Erwartungen des Kindes durchkreuzt, kann zu einer starken Frustration führen. Auf diese Weise entsteht ein Zorn, der sozusagen „aufbewahrt" wird. In Situationen, die für Außenstehende harmonisch aussehen, kann wegen nichtiger Anlässe der gesamte Zorn herausbrechen. Oft sind das (unverständliche) Wutausbrüche gegen Erwachsene, gegen Sachen, aber eben auch gegen Schwächere: gegen kleinere Kinder, hilflose Tiere oder, wie in unserem Beispiel, gegen ein behindertes Kind wie Patrick.

*Abb. 15: Die anderen Kinder haben Philipps Becher mit Schnee ausgekippt – er ist wütend und verzweifelt.*

Wenn Kinder sich solche Ventile suchen, hat das soziale Auswirkungen, die für Eltern sehr belastend sind. In solchen Fällen ist die Begleitung durch die Erwachsenen in der Kita von großer Bedeutung. Jans Mutter kann durch Ellas Vorbildverhalten miterleben, wie sich der Ausdruck solcher (durch Verletzung entstandener) Gefühle kanalisieren lässt. Ella wird die Mutter auch darauf aufmerksam machen, welche Wege ihr Kind findet, um mit seinen Problemen fertig zu werden.

In solchen Situationen ist es ein Trost und eine Stärkung für Eltern zu wissen, dass ihr Kind selbst Möglichkeiten findet, sich durch sogenanntes „motorisches Abreagieren" von inneren Spannungen zu befreien.

In einer nächsten für Jan belastenden Situation wird Ella ihn unterstützen, ein brauchbares Ersatzventil für seine Wut zu finden. Vielleicht hat seine Mutter Gelegenheit, dabei zuzusehen und zuhause Ähnliches auszuprobieren. Als Ersatzventile eignen sich Spiele mit Wasser, mit Matsch, mit flüssigen Farben oder mit Ton; auch das Lärmen mit Blechdosen, mit Trommeln oder mit einem Schellenband könnte helfen. Oder die Erwachsenen initiieren ein Rollenspiel mit (Hand-)Puppen, das Einschlagen dicker Nägel in einen Balken oder das Schlagen auf Matratzen mit einem Teppichklopfer. Wichtig ist: Das Kind soll sich entlasten können, ohne dass andere Kinder oder Erwachsene darunter zu leiden haben.

# 5. Geeignete Bedingungen erleichtern das gegenseitige Verstehen

| | | |
|---|---|---|
| 5.1 | Grundbedürfnisse erkennen und stillen | 57 |
| 5.2 | Raum, Zeit und Gelegenheiten für eigene Erfahrungen geben | 66 |
| 5.3 | Zeit lassen | 72 |
| 5.4 | Die Erfahrungswege der Kinder aufspüren | 77 |

## 5.1 Grundbedürfnisse erkennen und stillen

Sich als einzigartige Persönlichkeit wahrgenommen zu fühlen, der Wunsch dazuzugehören, zu wissen, dass man gemocht wird, sind „seelische Grundbedürfnisse" – ebenso wie die Bedürfnisse, in den eigenen Angelegenheiten mitzuentscheiden und sich eigenständig zu beteiligen. Die Achtung dieser Bedürfnisse ist sowohl in der Familie als auch in der Kita die Grundlage jeder gelingenden Kommunikation. Genauso wichtig für das gegenseitige Verstehen ist es, dass Erwachsene auch die körperlichen Grundbedürfnisse der Kinder aufmerksam wahrnehmen und zeitnah sowie angemessen auf Probleme eingehen. Je jünger nämlich Kinder sind, desto drängender und lebenserhaltender sind ihre Bedürfnisse – und desto weniger können sie auf deren Erfüllung warten. Zu einer gelingenden Kommunikation trägt auch eine an dem Lebensrhythmus und den Bedürfnissen der Kinder orientierte Tages- und Jahreslaufgestaltung maßgeblich bei.

*Abb. 16: Die vier verbundenen und voneinander abhängigen Bedürfniskomplexe*

Während allgemein für Kinder im Kleinstkindalter die Bedürfnisse nach Nahrung, Schlaf, Wärme und Gesundheitsprävention „anerkannt" sind und vorbehaltlos erfüllt werden, wird eine Reihe von Bedürfnissen in unserer Kultur völlig unterbewertet. So z. B. das kindliche Bedürfnis nach sensorischer Stimulation – und zwar besonders das grundlegende Bedürfnis nach Hautkontakt und Spiegelung. Ebenfalls unterbewertet wird auch das Bedürfnis der Kinder nach Bewegungsfreiraum und Bewegungsherausforderungen. Bewegung ist aber die Grundlage für die Ausbildung der visuellen Wahrnehmung, des Gleichgewichts und der Raumwahrnehmung; ebenso die Grundlage allen Lernens und Voraussetzung für die Fähigkeit, sich die Umwelt aktiv anzueignen. Bewegungsmangel ist die Wurzel vieler Verhaltensauffälligkeiten und psychosomatischer Erkrankungen.

Bei näherer Betrachtung kann man vier kindliche Bedürfniskomplexe ausmachen. In Abbildung 16 sind sie innerhalb von vier Bedürfniskreisen aufgeführt. Jeder Komplex beinhaltet unterschiedliche, einzelne kindliche Bedürfnisse.

Diese Bedürfnisse zu erfüllen, ist der rechtlich verankerte Auftrag der Kita. Und um die Bedürfnisse der Kinder zu erkennen, bedarf es feinfühliger Achtsamkeit. Wie das zu realisieren ist, ohne sich dabei ständig zu überfordern, dazu soll dieses Buch anregen.

## *Was tun, wenn kleine Kinder weinen?*

Ein Rätsel, das alle Eltern von Anfang an beschäftigt, ist: „Warum weint bzw. schreit mein Kind?" Viele fühlen sich hilflos und fragen sich: „Was will es mir damit sagen? Wie soll ich reagieren?" Auch in der Kita werden die Erwachsenen täglich mit weinenden Kindern konfrontiert, und das beschäftigt auch alle – darüber geredet wird aber selten. „Manchmal weinen vier Kinder auf einmal. Was soll ich da machen, wenn ich allein in der Gruppe bin? Ich kann gar nicht reagieren. Also höre ich lieber gar nicht hin!" Das berichtete unlängst eine ratlose Erzieherin.

Weinen und Schreien sind die wichtigsten Anzeichen von Bindungsverhalten, und damit reagieren alle Kinder der Welt in Belastungssituationen. Unter „Bindungsverhalten" verstehen wir alles, was ein kleines Kind in Gefahrensituationen seinen Bezugspersonen gegenüber ausdrückt, um deren Nähe und Aufmerksamkeit zu bekommen: sich dem Erwachsenen zuwenden, sich anklammern, schreien und Trost suchen. Erregung, Qual, Verlassenheit und Kummer drückt jedes Kind unterschiedlich, mit seinen eigenen Schreien aus. Wenn seine Eltern genau zuhören, lernen sie nach kurzer Zeit, ob das Schreien Schmerzen, Einsamkeit, Hunger, Gefahr oder Langeweile signalisiert. Auf diese Weise werden sie schnell die richtigen Hilfen für das Kind finden.

## Grundbedürfnisse erkennen und stillen

*Regina S. wartet mit Gaston, acht Monate alt, im Büro der Kita-Leiterin, Frau V. Frau S. möchte ihren Sohn dort anmelden. Frau V. hat Gaston noch nicht kennen gelernt; sie ist momentan im Gespräch im Hauswirtschaftsbereich. Gaston spielt versunken auf dem Boden mit einer Rasselbüchse, die er dort gefunden hat. Da betritt Frau V. ruhig den Raum und begrüßt Gaston und seine Mutter freundlich. Frau S. sagt kurz „Guten Tag", nimmt ihren Sohn rasch hoch und drückt ihn der Leiterin unaufgefordert in den Arm – in der Meinung, dass Frau V. ihr Kind so am besten kennen lernen kann. Gaston verzieht sofort die Mundwinkel, seine Unterlippe schiebt sich vor und er fängt an, wie eine Sirene zu weinen. Seine Mutter erschrickt. Frau V. gibt ihr den Jungen sofort wieder. „Das war viel zu schnell", meint sie dann.*

So sehr die Neugier den kleinen Menschen antreibt, sich unbekannten Phänomenen zu nähern, so ängstigend (und nicht auf Anhieb zu verarbeiten) kann Fremdes sein, wenn es zu plötzlich auftaucht – sei es nun wie bei Frau V. mit Gaston oder wenn das Kind in eine völlig fremde Umgebung gebracht wird.

Wenn das Kind selbst seiner Neugier folgt, sorgt es selbständig dafür, dass die Balance zwischen dem Reizvollen, dem Fremden und der Sicherheit (die von der Bekanntheit des bereits eroberten Gebietes und der Nähe der Bezugsperson ausgeht) intakt bleibt. Wird das Fremde „zu fremd", tritt das Kind schnell den Rückzug an. Bei der Mutter oder bei einer vertrauten Bezugsperson kann sich das Kind erholen und neue Kräfte sammeln – für neue Abenteuer.

Wenn Fremde zu Besuch in die Gruppe kommen oder wenn die Familie irgendwo zu Besuch ist, dann sind Erfahrungen mit dieser Balance nicht möglich. Wie ein kalter Wasserguss bricht dann oft das Fremde über ein Kind herein – und die damit verbundenen Gefühle und Ängste können nicht anders als durch Schreien und (oder) durch Rückzug zur Bezugsperson bewältigt werden.

In Gastons Fall kommt noch etwas hinzu: Gaston ist nämlich gerade acht Monate alt. Erst seit einiger Zeit hat er gelernt, zwischen Bekanntem und Unbekanntem zu unterscheiden (bei manchen Kindern geschieht das früher, bei anderen später). Ab etwa dem siebentem Lebensmonat kann es für Kinder problematisch sein, Fremde zu begrüßen. Man spricht in diesem Zusammenhang auch von dem „Fremdeln" oder von der „Achtmonatsangst". Nicht alle Kinder müssen diese Angst erleben. Ob und wie stark sie in der zweiten Hälfte des ersten Lebensjahres fremdeln, wenn fremde Gesichter auftauchen, hängt sehr von ihren vorherigen Erfahrungen ab. Und natürlich: Das Aufkommen von Fremdenangst ist weniger wahrscheinlich, wenn sich das Kleinkind in unmittelbarer Körpernähe vertrauter Menschen befindet und nicht einige Meter von ihnen entfernt. Gastons Schreien war also eine durchaus angemessene Reaktion auf die Handlung seiner Mutter. Dass diese Reaktion so stark war, hing nicht zuletzt auch

*Abb. 17: Zuwendung und Trost als Antwort auf Bindungsverhalten*

damit zusammen, dass die Mutter ihn der völlig fremden Person plötzlich in die Arme gegeben hat.

Wir möchten Ihnen im Folgenden mehrere Berichte mit den Lösungsmöglichkeiten der Betroffenen vorstellen. Diese Beispiele stammen aus Gesprächen mit Eltern, aus Beiträgen von Teamkonferenzen oder aus Tür-und-Angel-Gesprächen.

## Was hilft?

*Frau R. berichtet über ihren einjährigen Sohn Theo: „Theo ist vier Monate alt. Wir sind aus dem Urlaub zurück, in dem Theo keinerlei Schwierigkeiten gemacht hat. Tagsüber schläft und spielt er, wie wir es erwarten, ist ein fröhliches und unkompliziertes Kind. Er wird seit der Geburt gestillt. Aber seit dem Urlaub hat er angefangen, abends gegen 23 Uhr zu schreien. Nach einigen Wochen nennen wir das den ‚Elf-Uhr-Schrei'. Den können wir regelrecht erwarten. Damit beginnt das allabendliche Drama:*

*Theo trinkt an der Brust, macht Bäuerchen, wird gewickelt und hingelegt; er schläft bald ein. Nach kurzer Zeit schreit er lauthals. Ich nehme ihn hoch, rede ihm gut zu, lasse ihn über die Schulter gucken, reibe oder klopfe sacht seinen Rücken und entlocke ihm dann irgendwann – nach einer Ewigkeit – ein weiteres Bäuerchen. Endlich, es ist gegen Mitternacht, legen wir uns selbst zum Schlafen.*

*Etwa gegen zwei Uhr: erneutes Schreien. Abwechselnd tragen wir ihn wieder auf dem Arm. Gut zureden, stillen – nichts hilft. Wir fühlen uns beide selbst völlig entkräftet; Helmut ist es ganz flau in den Beinen, und ich kann kaum noch auf dem Bett sitzen, habe nur den einen Wunsch: mich hinlegen, schlafen, schlafen ... Je mehr Theo schreit, desto stärker schlägt mein Herz. Von wegen: Ihn in die Küche abschieben und selber endlich den entbehrten Schlaf bekommen! Das haben wir in unserer Verzweiflung, auf Anraten des Kinderarztes, einmal versucht. Nur fünf Minuten! Aber sobald ich Theo weiter schreien hörte, saß ich aufrecht im Bett. Obendrein fing auch ich an zu weinen – aus Kummer, Verzweiflung, Erschöpfung.*

*Also warteten wir wieder, bis ein Bäuerchen kam, und legten ihn erleichtert wieder hin. Nächte mit vier, ja zwei Stunden Schlaf waren keine Seltenheit. Der Kinderarzt, ein erfahrener und vertrauenswürdiger Mann, fand die Ursache für Theos Schreien auch nicht; er verordnete Verdauungstropfen. Ohne Erfolg.*

*Plötzlich – einen Grund dafür konnten wir ebenso wenig herausfinden wie für das nächtliche Schreien – legten sich, als Theo etwa zehn Monate alt war, die nächtlichen Schreiereien. All unsere Versuche herauszufinden, was Theo uns hatte sagen wollen, was ihn bedrückte, worin sein Problem bestand, waren fehlgeschlagen. So bleiben uns auch heute nur Überlegungen und Vermutungen: War unsere Urlaubs-Flugreise doch zu viel für Theo gewesen? Der Arzt meinte, da ich, die Mutter, als Säugling auch sehr ‚nachtaktiv' war, könnte Theo das Schreien möglicherweise von mir geerbt haben ... Oder hat es vielleicht daran gelegen, dass ich in jener Zeit sehr unter Druck stand, weil ich mit zwei kleinen Kindern mein Studium beenden wollte? Haben sich mein Stress, meine Nervosität vielleicht auf Theo übertragen und ihm so die Nachtruhe geraubt?"*

Die Vorstellung, dass die Beziehungen unter Menschen möglichst harmonisch und problemfrei zu gestalten seien, ist selbst die Quelle vieler Frustrationen und Probleme. Sie ist nicht zuletzt Ursache gestörten Selbstbewusstseins und schlechten Gewissens bei Erziehenden – mit vielen üblen Rückwirkungen auf das eigene berufliche Selbstverständnis.

Einer der größten Irrtümer in den Beziehungen zwischen Kindern und Erwachsenen ist die rationale Vorstellung, dass zu jedem Problem auch eine Lösung gefunden werden muss – und dass es für jedes Problem eine Lösung gibt. Dennoch wäre es vielleicht in Theos Fall möglich, die Ursache für seinen Kummer per Ausschlussverfahren zu ermitteln: Man könnte nach und nach verschiedene Möglichkeiten seines Kummers ausschließen, um zu sehen, was übrig bleibt.

Wie wir gesehen haben, können Kinder bereits in den ersten Augenblicken auf der Welt ihre Umgebung alarmieren, wenn es ihnen nicht gut geht. Sie bringen die Er-

## Geeignete Bedingungen erleichtern das gegenseitige Verstehen

*Abb. 18: Herausfinden, was dem schreienden Kind fehlt*

wachsenen in der Regel dazu, intuitiv „richtig" zu reagieren. Der Hungerschrei, Schreie wegen Schmerz oder Kälte, aus Einsamkeit oder Überreizung – alle diese Schreiarten drücken aus, dass das Kind Unterstützung braucht. Die Bezugspersonen lernen bald, wie sie das Baby angemessen trösten können. Beruhigen lassen sich die meisten Kinder durch das Herumtragen in senkrechter Haltung am Körper der Bezugsperson oder in liegender Bauchlage auf einem Unterarm (wie ein Löwe auf dem Baumast); oder durch das Vorsingen eines dem Kind bekannten Kinderliedes, durch Vorspielen von beruhigender Musik, durch Babymassage oder auch durch festes Einwickeln. Eine ruhige Stimme, taktile Impulse und rhythmisches Wiegen vermitteln den meisten Babys eine vertraute Kombination von Wahrnehmungsreizen, die sie aus ihrer vorgeburtlichen Zeit kennen. Das Stillen ist immer noch das wirksamste Beruhigungsmittel. Im Zweifelsfall kann es aber immer helfen, per Ausschlussverfahren herauszufinden, wie ein Kind beruhigt werden kann.

> „Nina, sechs Monate alt, weinte – trotz aller liebevollen Tröstung – in der Kita immer weiter. Hunger und Durst waren ausgeschlossen, wir hatten sie getragen und hingelegt ... Die letzte Idee war, sie einfach auszuziehen und zu schauen, ob ihr irgendetwas in der Kleidung Schmerz bereitete. Beim Lösen der Stoffwindel, die im Garten auf der Leine gehangen hatte, entdeckte die Erzieherin einen Ohrwurm, der sich dort versteckt und dem Mädchen so viel Pein bereitet hatte."

Ohne Grund schreit kein Kind, darauf kann man vertrauen. Es ist aber keine Lösung, zur Beruhigung regelmäßig und automatisch das Fläschchen oder den Schnuller zu reichen. Dadurch wird die wirkliche Quelle des Missbehagens außer Acht gelassen. Und durch diese Vorgehensweise besteht die Gefahr, dass Kinder Problemsituationen auch im späteren Alter ausschließlich mit Essen und Trinken zu bewältigen versuchen – oder mit einem ähnlichem Ersatz für Zuwendung. Deshalb sind Schnuller und Teefläschchen als automatische Reaktion auf kindliches Weinen absolut unangebracht. Suchtprävention beginnt in den ersten eineinhalb Jahren. Janina berichtet von ihren Erfahrungen damit:

> „Wir arbeiten mit unseren Kindern darauf hin, so bald wie möglich den Schnuller durch etwas anderes Schönes zu ersetzen. Und seien Sie gewiss: Viele unserer Kinder kommen mit einem oder gleich mit mehreren Schnullern im Gepäck zu uns.
>
> Wir haben einen ‚Schnullerbaum', dessen Äste höher ragen als die Kinder groß sind. Auf unserem Arm und mit unserer Hilfe hängen die Kinder, die schon dazu bereit sind, ihren Schnulli morgens an einen Haken und können sich dafür etwas anderes abpflücken: ein Glöckchen, ein Pixi-Buch, ein kleines Kuscheltier oder eine Rassel mit glitzernden Kugeln darin. Die Kleinen wollen es den Größeren nachtun. Am Abend wird alles ausgetauscht, die Kinder aber merken: ‚Ich kann mich auch ohne etwas im Mund zufrieden fühlen.'"

Es gibt Situationen, wie in Theos Beispiel, in denen es beinahe unmöglich ist, den Grund für das Weinen des Kindes herauszufinden. Manchmal aber ist die Lösung ganz einfach – man muss nur darauf kommen. Brigitte erzählt:

> „Das meiste von dem, was die Kinder wollen, verstehe ich nach mehreren Anläufen, wenn sie hartnäckig genug bleiben. Aber manchmal ist es doch wie vertrackt: Als wir im Juli einen Eltern-Kinder-Ausflug machten, habe ich mich die ganze Zeit gewundert, weshalb Costas und Bruni, deren Eltern nicht dabei waren, bei jeder kleinsten Gelegenheit quengelten, heulten, schlappmachten und aufhörten zu spielen. Ich habe es mit allen möglichen Ablenkungen versucht. Aber nichts half. Der Ausflug war ein einziges Gequake und Gejaule. Ich war am Ende fix und fertig.

*Und weißt du, was Bruni mir gestern gesagt hat, als wir wieder die Bilder vom Ausflug zeigten und darüber sprachen, warum es ihnen wohl so schlecht ging? ‚Wir hatten ja auch die ganze Zeit so einen Durst! Ihr habt uns ja nie etwas zu trinken gegeben!' Und das stimmte! Auf die Idee, dass der Flüssigkeitsbedarf der Kinder in der Julihitze natürlich enorm steigt, sind nicht mal die anderen Eltern gekommen. Wir haben den Kindern genauso viel gegeben wie hier in der Kita; und das war eben viel zu wenig. Da hätte ich doch auch selber draufkommen müssen!"*

In dieser Geschichte wird uns eine eindeutige und klare Lösung angeboten – von der dreijährigen Bruni. Wir könnten damit zufrieden sein. Die Frage aber, warum die Kinder während des Ausfluges nichts gesagt haben, wird wohl unbeantwortet bleiben. Vielleicht hatte es etwas mit der Fremdheit zu tun, die sie auf dem Ausflug erlebten, vielleicht fühlten sich Bruni und Costa vernachlässigt. Manchmal gibt es auch „Störungen" größerer oder kleinerer Art im Beziehungsgeflecht, denen nachzuspüren es sich lohnt, wenn sich wieder einmal die Frage stellt: „Weißt du, was ich sagen will?"

## *Der bedeutsame Anfang*

Wie gesagt: Ungeeignete Bedingungen können das gegenseitige Verstehen erschweren – genauso wie geeignete Bedingungen alles einfacher machen. Dorle, die älteste Erzieherin in der Kita, erzählt von der Geburt ihres ersten Kindes (Anfang der 1970er-Jahre) und von anfänglichen Enttäuschungen, als sie in der Geburtsklinik zum ersten Mal mit ihrem Kind in Kontakt kommen wollte:

*„Damals gab es noch kein ‚Rooming in'. Die Babys blieben nach der Geburt fast zwei Tage lang im Säuglingszimmer, wo sie Tee bekamen, bis sich ihre Verdauung normalisierte. Erst dann wurden sie alle vier Stunden den Müttern zum Stillen gebracht. Um sechs Uhr abends war ‚Stillzeit'. Ich erwartete ungeduldig mein Kind, wollte es endlich richtig kennen lernen und empfand das aufgezwungene Wartenmüssen als unnötige und quälende Belastung. Endlich! Die Säuglingsschwester hatte uns die Kinder gebracht und ging nun von Bett zu Bett, um ‚Instruktionen' zu erteilen. Ohne ihre ausdrückliche Erlaubnis wagte keine Frau, mit dem Stillen zu beginnen.*

*Ich versuchte, Stefans Aufmerksamkeit zu wecken, ihn ein bisschen zu streicheln, ihn anzusprechen, seine Blicke auf mich zu lenken. Aber er nahm mich nicht wahr, sondern betastete sein Gesicht, verzog den Mund, blickte woanders hin. Ich wünschte mir, dass er mich mit seinen Blicken suchte, aber er war nur mit dem Streicheln seiner Wange und dem Saugen seiner Fäustchen beschäftigt. Ich war enttäuscht und sehr unsicher. Sein Hunger gewann plötzlich die Oberhand, gleich würde er schreien. Die Säuglingsschwester war aber noch nicht bei uns angekommen, wir waren immer noch nicht ‚dran'. Kurz entschlossen schob ich ihm die Brustwarze in den Mund und schielte dabei zur Säuglingsschwester hinüber. Stefan kapierte augenblicklich, wie die Sache funktioniert, glücklicherweise. Und ich hatte endlich Kontakt zu ihm und war stolz – auf ihn, weil er es so schnell geschafft hatte, auf mich, weil ich ihn satt und zufrieden machen konnte."*

Dorles Kollegin Gudrun hatte das Glück, günstigere Bedingungen für sich und ihr Baby vorzufinden: Ihr zweiter Sohn kam in einem Rooming-in-Krankenhaus zur Welt, wo beide ausschließlich positive Erfahrungen in den ersten Lebenstagen des Kindes machten. Gleich nach der Geburt behielt sie das Kind bei sich, konnte es sofort zum Stillen anlegen und brauchte es nicht einmal in der Nacht ins Babyzimmer zu geben.

*„Ich hab mich nach dieser Geburt nicht leer und deprimiert gefühlt wie damals bei Fabian, der mir gleich weggenommen wurde. Zu Jeremy konnte ich gleich nach der Entbindung eine Beziehung aufbauen. Er hat mich und seinen Vater schon im Kreißsaal angesehen und beruhigte sich sofort nach dem Geburtsschrei, als ich ihn streichelte und mit ihm sprach. Ich war unbeschreiblich glücklich und stolz auf ihn und beobachtete ihn stundenlang. Und niemand kam und nahm ihn mir weg. Die Schwestern halfen, wenn ich sie bat. Aber sie gaben mir nie das Gefühl, dass ich ohne sie mein Kind nicht versorgen könnte. Ich fühlte mich als Mutter angenommen; und Jeremy gab mir mit seiner Zufriedenheit, seinem guten Trinken und seinen Blicken viel Bestätigung für meine Mühen."*

Gewiss ist: Die Bedingungen in Jeremys Geburtsklinik haben sich auf die ersten Kontakte und auf die Beziehung zwischen Mutter und Kind positiv ausgewirkt – von Anfang an nahm Jeremy Blickkontakt zu Mutter und Vater auf. Diesen ersten Kontakt zwischen Mutter und Kind nach der Geburt bezeichnen Entwicklungsforscher als „Bonding"; er legt den Grundstein für die erste wichtige Bindung zwischen den beiden. Die wichtige Phase des Bondings konnte bei Jeremy und seiner Mutter direkt nach der Geburt in Ruhe stattfinden. Während des gesamten Klinikaufenthaltes wurde er nie gegen den Willen der Mutter von ihr getrennt. Beim geringsten Zeichen von Unwohlsein wurde er in den Arm genommen; oder er konnte am Fingergelenk der Mutter saugen. Er vermittelte seiner Mutter das Gefühl, dass sie zurechtkommen, dass sie ihn trösten kann. Seine Mutter hatte wiederum keine übersteigerten Erwartungen und Ansprüche an ihn. Jeremy konnte sein, wie er war – er enttäuschte seine Eltern nicht.

## 5.2
# Raum, Zeit und Gelegenheiten für eigene Erfahrungen geben

Bedürfnisse nach Bindung und Nähe, nach Ernährung, Pflege und Geborgenheit wahrnehmen und angemessen darauf eingehen – das ist die wichtigste Voraussetzung für eine gelingende Verständigung mit den Jüngsten. Fast genauso bedeutend ist es, dem individuellen Forschungsdrang der Kinder Nahrung zu geben, ohne Problemlösungen vorweg zu nehmen, zu belehren oder ständig Anregungen zu präsentieren. Wenn wir davon ausgehen, dass jedes Kind von Anfang an weiß, was es zum Lernen braucht, sollten wir einen entsprechenden Rahmen schaffen. Hier können die Kinder mit ihrem Tempo und ihren Möglichkeiten die individuell passenden Lerngelegenheiten suchen und finden. Dieser Rahmen umfasst Räume zum Erkunden, Material zum Erproben und Zeit zum Forschen.

### *Räume für „freies Forschen"*

Für alle Einrichtungen, in denen Kinder unter drei Jahren aufwachsen, gilt: Wenn Kinder genügend eigene Erfahrungen sammeln können, machen sie ohne besondere Förderung die ihnen entsprechenden Lernerfahrungen; sie entwickeln sich und sind zufrieden. Dann entstehen auch weniger Konflikte um Gegenstände oder wegen zu ausgeprägter Körpernähe. Weil jede Zone des Gruppenraumes in sich faszinierende Erfahrungen zulässt, „verteilen" sich die Kinder und wählen die ihnen gerade angemessene Gesellungsform. Kinder, die diese Wahlmöglichkeiten haben, sind in der Kindergruppe auch leichter zu verstehen. Dazu erzählt die Praktikantin Anne:

> *„In dieser Einrichtung fällt es mir viel leichter, das Beobachten zu lernen. Wenn die Kinder allein oder in kleinen Gruppen spielen, treten ihre ‚Themen' deutlicher hervor – und ich kann leichter mit Anregungen daran anknüpfen. Es ist auch interessant, zu sehen, ob sie das Bedürfnis haben, oft allein zu spielen, ob sie viele oder wenig Rückzugsmöglichkeiten suchen, ob und warum sie sich am liebsten im Bewegungsbereich aufhalten, ob sie immer den gleichen Ort wählen oder mehrere Orte abwechselnd aufsuchen. Sie zeigen mir durch die Wahl ihres Spielortes, was sie brauchen."*

Die meisten Erzieherinnen, mit denen wir uns für dieses Buch unterhalten haben, bezeichnen es deshalb auch als ihre erste Priorität und als ihr größtes Anliegen, Räume für „freies Forschen" zu schaffen und die Bereitschaft dafür zu wecken, den Tagesablauf der Kinder möglichst wenig einengend zu gestalten. Dazu erzählt die Erzieherin Jenny:

## Raum, Zeit und Gelegenheiten für eigene Erfahrungen geben

„Seit wir hier in kleinen Gruppen offen arbeiten, gibt es viel Lebendigkeit und Abwechslung und viel weniger Streit unter den Kindern. Jedes Kind hat nicht nur zu seinem ‚Nest', sondern auch zu anderen Räumen Zutritt und kann in jedem Raum etwas anderes entdecken, andere Erfahrungen machen und etwas erleben, was in den anderen Räumen nicht möglich ist. Am liebsten erkunden sie, was im Atelier oder im Nassbereich vor sich geht. Alle machen regen Gebrauch davon, auch die ganz Kleinen krabbeln über den Flur und besuchen sich gegenseitig.

Wir haben in unserem ziemlich alten Haus jeden irgendwie nutzbaren Quadratmeter für die Kinder hergerichtet: In der Küche können die Kinder stundenweise mit uns kochen und matschen; im Atelier experimentieren sie mit trockenen, feuchten oder nassen Materialien, mit Kleister und Ton; nicht genutzte Besenkammern haben wir für das Bälle- und das Bohnenbad hergerichtet; die Turngeräte auf den Fluren haben wir uns selbst ausgedacht. Zum Glück habe ich einige hilfswillige Eltern und auch viele Praktikanten, die die Kinder gut kennen und die, wenn sie Zeit haben, mit ihnen malen, etwas einsäen oder Schuhe putzen ... Das klappt prima!"

Abb. 19: Im Atelier mit flüssigen und farbigen Materialien sowie mit Ton umgehen

## Geeignete Bedingungen erleichtern das gegenseitige Verstehen

Kitas heute haben – im Vergleich zur häuslichen Wohnung besondere Möglichkeiten, um den kindlichen Bedürfnissen nach Grenzerfahrungen und dem Forscherdrang der Kinder genügend Anreize zu geben. Das fängt schon bei der Einteilung der Räume an: Kleinstkindergruppen verfügen über unterschiedliche Bereiche, denen die Kinder zuordnen können, was dort stattfindet, und in denen sie jeweils finden, was sie brauchen. So gibt es Ecken im Raum für das Alleinspiel, für Ruhe und Rückzug, eine Ecke, um behaglich gepflegt zu werden, eine für ruhige Aktivitäten, eine zum Ausruhen oder zum ungestörten Schlafen sowie eine Ecke für ein gemeinsames Frühstück bzw. Mittagessen. Kinder finden zudem einen Bereich, in dem sie Erfahrungen mit nassen und formbaren Materialien machen können, eine Zone für ungestörte erste Erfahrungen mit Statik und Bauen, einen ruhigen Bereich zum Bilderbücher ansehen und Vorlesen, einen für Rollen- und Puppenspiel sowie eine Ecke für Erfahrungen mit Musik und Rhythmik.

Die Kinder finden auf unterschiedlichen Ebenen Nischen, Höhlen, Mulden, Ecken, Winkel, Balkons. In ihnen können sie in Ruhe allein oder zu zweit ihren Erfahrungswegen nachgehen und sich dabei sicher und geborgen fühlen.

Charakteristisch ist heute in der Kita die Raumnutzung bis unter die Decke: Wenn Kinder die Möglichkeit haben sollen, sich mit der Schwerkraft auseinanderzusetzen und

*Abb. 20: Räume im Raum durch verschiedene Ebenen und Verbindungswege*

sich steigende Anforderungsgrade zur selbständigen Erprobung zu suchen, brauchen sie übereinanderliegende Ebenen auf unterschiedlichen Höhen. Und sie brauchen Möglichkeiten zum Hochkriechen, zum Erklimmen und Klettern; dazu brauchen sie Stufen unterschiedlicher Höhe, Breite und Tiefe, ebenso Leitern und Wellentreppen zum Hochkrabbeln. Tunnel, Brücken und Stege machen das Prinzip „Verbindung" körperlich erfahrbar. Schräge Ebenen und Hühnerleitern erfordern zudem Kraft und Ausdauer, um im Vierfüßlergang ein Stückchen höher zu kommen.

Wer täglich solche Herausforderungen vorfindet und auf seine Weise nutzen kann, braucht sich nicht durch Rempeln und Schlagen Widerstandserfahrungen zu verschaffen. Eine derartig differenzierte Raumteilung ermöglicht darüber hinaus Transparenz und Erfahrungen mit unterschiedlichen Raumdimensionen. Wer Einblicke, Ausblicke und Überblicke hat, hat es leichter, die Welt aus unterschiedlichen Blickwinkeln zu sehen und auch mal einen anderen Standpunkt einzunehmen.

Großräumige Flächen ermöglichen das Ausagieren mit bewegungs- und lärmintensiven Aktivitäten, wie beispielsweise das Herumsausen mit Flizzis, Pedalos und Bobbycars. Niemand wird durch das Herumtoben gestört oder behindert, weil diese Bereiche separat von den „ruhigen" Zonen liegen. In den großräumigen Flächen zum Austoben gibt es auch die heiß begehrten Elemente zum Schaukeln, Schwingen und Klettern und eine Bewegungsbaustelle – z. B. die Hengstenberg-Geräte.

> ▶ Elfriede Hengstenberg entwickelte in den 1920er-Jahren in Zusammenarbeit mit Elsa Gindler und Emmi Pikler ein ganzheitliches Bewegungskonzept, welches das kindliche Bedürfnis nach Selbständigkeit als wesentliches Merkmal der Persönlichkeitsentwicklung berücksichtigt. Ähnlich wie Maria Montessori konstruierte sie dafür Materialien für unterschiedliche Entwicklungsbedürfnisse, die von den Kindern frei gewählt und variiert benutzt werden können.

## Materialien für „freies Forschen"

Zwischen dem ersten und dem dritten Lebensjahr ist das Alter der Körpererkundung und des Trockenwerdens. Alles, was nass, matschig und schmierig ist, findet allerhöchstes Interesse. Deshalb haben Kitas etwas, was sich in der häuslichen Wohnung schlecht realisieren lässt: Einen behaglichen Nassbereich zum Wickeln und Baden, der gleichzeitig viele Erfahrungen mit Wasser zulässt. Und Kitas verfügen im günstigen Fall über einen Bereich mit Werkstattcharakter (Holzwerkstatt, Atelier).

Gruppenräume für Kleinstkinder bieten heute wirklichkeitsnahe Möglichkeiten, um Kinder an alltäglichen Tätigkeiten teilhaben zu lassen – z. B. eine Küche, deren Utensili-

*Abb. 21: Gefäße-Sammlung*

en sie erproben dürfen, anstatt einer Puppenküche mit Plastikgeschirr. Statt eines Übermaßes an immer gleichem Kleinstkind-Spielzeug gibt es vielerlei Materialien, die Erwachsene im Alltag gebrauchen, z.B. Werkzeuge, Rohre, Trichter, Schüsselsätze, Gefäße in verschiedenen Größen zum Gießen und Schütten im Nassbereich, Materialien aus der Küche sowie Materialien für Experimente mit Wind und Luft; vieles ist teilbar, formbar, neu kombinierbar, nachgiebig, weich oder verteilbar.

In den Kitas gibt es zudem weiche, textile Materialien ebenso wie harte, die Widerstand bieten und Töne sowie Klänge erzeugen. Kinder finden dort Materialien aus dem Wald, von der Wiese oder vom Meer (z.B. Muscheln, Steine, Zweige). Fast alle Einrichtungen halten in einem „Atelier" oder in einem eigens eingerichteten Teil eines Raumes Kleister, formbare Materialien (wie Ton und Spielteig) und eine Auswahl von nassen und trockenen Farben bereit. Außerdem werden viele Sorten von Papieren angeboten, auf denen Kinder die Eigenschaften von Farben und Wasser erproben können. Sie können sich ebenso an schweren Dingen versuchen, wie an Medizinbällen oder der Riesenholz-Lok. Viele Materialien sind in Begleitung Erwachsener selbst herzustellen und zu gestalten.

Alle Materialien in der Kita sind unterschiedlich einsetzbar und auswechselbar sowie vielfältig nutzbar; Zweckentfremdung ist möglich. So können Kinder ihre Kraft erproben, ihre motorischen Fertigkeiten ausbilden, Mengen und Größenunterschiede erfahren, Raumdimensionen erfühlen, natürliche Phänomene erleben, Materialstrukturen

## Raum, Zeit und Gelegenheiten für eigene Erfahrungen geben

und deren Konsistenz vergleichen und physikalisch-mathematische Grunderfahrungen machen.

Das Wichtigste bei diesem vielfältigen Angebot ist schließlich: Alles ist überschaubar angeordnet, hat seinen Platz und ist verlässlich da, denn kleine Kinder, das wusste schon Maria Montessori, sind Ordnungsfanatiker. Sie wollen wissen, wann und wo sie etwas (wieder)finden.

Besonders beliebt sind bei den Kindern die Möglichkeiten, sich an der Zubereitung der Mahlzeiten zu beteiligen. Kinder können nämlich mit den Augen, den Ohren und den Händen daran teilnehmen, indem sie schneiden, verrühren, schütten. Zum Glück werden neuerdings in immer mehr Kitas wenigstens Teile des Essens wieder frisch zubereitet. Die Düfte, die dabei entstehen, regen den Appetit an und machen neugierig.

Damit die Kinder nicht nur das Gruppenzimmer, sondern auch ihre weitere Umgebung kennen lernen, haben viele Einrichtungen ein oder mehrere Viererbuggys, mit denen die Erzieherinnen mit einigen Kindern zum Einkaufen (z.B. auf den Wochenmarkt) oder zu interessanten Orten in der näheren Umgebung aufbrechen. Diese Aktionen erfordern ein hohes Maß an Flexibilität, Organisationsarbeit und Kreativität. Bei einem krankheitsbedingtem Ausfall von Kolleginnen kommt es immer noch vor, dass eine Erzieherin allein in der Kleinstkindergruppe arbeitet und deswegen keine besonderen Aktivitäten anbieten kann. Die Aufsichtspflicht und die (teils berechtigte) Angst vor möglichen Gefahren stehen an solchen Tagen an erster Stelle.

Die Einsicht, dass vielfältig gestaltete Frei- und Erfahrungsräume nicht nur den Kindern zugutekommen, sondern auch den Erzieherinnen und Erziehern sowie ihrer Berufszufriedenheit, ist unbestritten. Findige Erzieherinnen vernetzen sich in der Region und im Stadtteil, suchen Helferinnen in der Elternschaft und in der Nachbarschaft. Oft bietet es sich an, auch Projekte von Vereinen und Verbänden zu nutzen (z.B. vom örtlichen Sportverein, von den Kirchen oder vom „Bund für Umwelt und Naturschutz"). Es gibt Bürgerstiftungen oder Freiwilligenbörsen, die bereit sind „Zeit zu schenken". Lesepaten, Großelterntage – all das sind Möglichkeiten, auch Kleinstkindern zusätzliche Anregungen zu gewährleisten. Als neuer Lebensinhalt der „unruhigen" Ruheständler sind immer mehr solcher Initiativen im Aufbau und machen den Jüngsten erfahrbar, was in der heutigen Kleinfamilie weitgehend fehlt: Erlebnisse mit alten Menschen und dem, was sie aus ihrem langen Leben zu geben haben.

Geeignete Bedingungen erleichtern
das gegenseitige Verstehen

## 5.3
## Zeit lassen

> *Draußen mit den Kindern Zeit zu haben, heißt:*
>
> *... die Enten auf dem Teich heranschwimmen zu sehen und festzustellen, dass sie bleiben und sogar näher kommen, wenn Jeremy Brotbröckchen ins Wasser wirft; jedes Brotbröckchen in viele Einzelteile zerkrümeln, sie einzeln ins Wasser werfen und zusehen, wie die Enten danach suchen, sie finden, sie aufpicken ...*
>
> *... den Bauarbeitern beim Graben, Ziehen, Schieben, beim Anlassen des Motors, beim Biertrinken zuzusehen und zuzuhören und Sandkörner auf den Haufen werfen, damit er größer wird ...*
>
> *... ein Rinnsal von Regenwasser ausdauernd beobachten, sich mit dem Stiefel dem Wasser in den Weg stellen, zuhören wie es in den Gully plätschert; erst einen Stein, dann mehrere Zweige suchen und ins Wasser werfen, vergleichen, was davon mitgezogen wird und was nicht ...*
>
> *Das alles sind Momente, die mich früher, als ich noch nicht im U3-Bereich gearbeitet habe, auf die Palme gebracht hätten. Wenn ich spazieren gehe, habe ich ein Ziel vor Augen, und da will ich möglichst schnell hin – dachte ich damals. Wenn unsere Kinder draußen sind, ist aber jeder Libellenflügel eine Sensation und Anlass, sofort und ausdauernd stehen zu bleiben. Das musste ich erst sehr mühsam lernen ...*

Erwachsene leben oft in der Zukunft oder in der Vergangenheit: Was wurde bereits erledigt? Was muss noch getan werden? Sie haben in der Regel „keine Zeit". Kleine Kinder leben hingegen immer im Hier und Jetzt. Zeiteinteilung und ein möglichst geringer Zeitverlust sind für viele Erwachsene Voraussetzung, um etwas leisten zu können. Diese „Zeit-ist-Geld-Ideologie" steht im Gegensatz zur Befriedigung der Forschungsbedürfnisse der Kinder, die nun einmal viel Zeit dafür brauchen.

Eine gemeinsame Zeit- und Arbeitsplanung im Team, die nicht zu viele gelenkte Angebote vorsieht und Platz lässt für das Ruhen, das Aktivsein, das Genießen beim Essen und Pflegen und das langsame Spazierengehen wäre optimal. Planung ist die Grundlage dafür, den Kopf frei zu haben, wenn wir uns den Kindern zuwenden.

Bis zum 18. Lebensmonat haben Kinder noch kein wirkliches Gefühl für das Wenn-Dann oder das Jetzt-Später. Sie sind zum Beispiel am Morgen noch nicht in der Lage, sich vorzustellen, wann ihre Eltern wiederkommen. Ihr Raum- und Zeitverständnis sind noch an eigenes Handeln gebunden. Deswegen entstehen bei den meisten, wenn die Eltern morgens weggehen, vielleicht auch Trennungs- und Verlustängste. Erst nach dem zweiten Geburtstag entwickeln Kinder eine genauere Zeitvorstellung, was daran deutlich wird, dass sie sich Abfolgen und Reihenfolgen genau merken (z.B. im Bilderbuch oder bei Fingerspielen). Von diesem Alter an kann es hilfreich sein, Wartezeiten einzurichten, z.B. eine Kochuhr auf fünf Minuten einzustellen. So können Kinder den Ablauf der Zeit genau verfolgen und wissen: „Wenn es klingelt, bin ich wieder dran". Auch Frustrationstoleranz lässt sich lernen, wenn klar ist, warum sie notwendig ist und wann die Zeit der Frustration beendet ist. (Bis über das dritte Lebensjahr hinweg bestehen Kinder darauf, dass Abfolgen eingehalten werden (z.B. Fixpunkte im Tagesablauf oder Rituale am Morgen und am Abend).

## Biorhythmus und Rituale

Die Kita orientiert sich in der Tagesplanung an menschlichen Biorhythmen, die auch für kleine Kinder gelten: Die psychische Energie ist am stärksten in den Vormittagsstunden, fällt zwischen zwölf und vierzehn Uhr ab, um gegen sechzehn Uhr wieder einen Höchststand zu erreichen. Jedes Kind bringt dennoch seinen Rhythmus von zuhause mit. Ganz allmählich nähern sich die Rhythmen der Gruppe und die eines

*Abb. 22: Gemeinsam essen und genießen: Jedes Kind füllt sich selbst auf*

## Geeignete Bedingungen erleichtern das gegenseitige Verstehen

„Neulings" aneinander an. In der Kita liegen die aktionsreichen Spielphasen, die aufregenden Feste oder Ausflüge in der Zeit zwischen neun und dreizehn Uhr. Danach sind die Kinder müde und hungrig und brauchen Gelegenheit, um aufzutanken. Manche, die sehr früh aufstehen mussten, sind viel früher müde und machen ein Schläfchen zwischendurch.

Das Fehlen eines rational-kognitiven Zeitverständnisses der Kinder können wir ausgleichen, wenn wir uns auf das frühkindliche Zeitverständnis einlassen. Die Körper der Kinder, nämlich Stoffwechsel und Aktivitätsniveau, stellen sich in der Kita auf den Wechsel von Ruhe und Bewegung sowie von Essen und Spielen zu bestimmten Zeiten ein. In der Kita wissen alle: Kleinstkinder können – je nach individueller Energiekurve – nur ein begrenztes Maß an Spannung aushalten. Was darüber hinausgeht, ist Überforderung, die sie auch deutlich anzeigen, jedes Kind auf seine Weise:

- Sie verhalten sich zerstörerisch oder streitlustig;
- sie machen die Sachen anderer kaputt oder rempeln Kinder an;
- sie weinen oder nörgeln;
- sie wirken unruhig und überdreht;
- sie ziehen sich zurück und werden still.

### *Wechsel von Aktion und Entspannung*

Signale der Überforderung bei Kindern wahrzunehmen und Möglichkeiten zu suchen, um darauf entsprechend zu reagieren, betrachtet die Erzieherin Ella als einen Arbeitsschwerpunkt. Sie weiß: Kinder sind insgesamt ausgeglichen, wenn sie zwischendurch Ruhe finden. Sie berichtet:

> *„Für uns ist es hilfreich, die Tagesstruktur einzuhalten. Die Kinder wissen: Im Begrüßungskreis am Morgen (zu dem sich jedes Kind sein Kissen holt und wir Erzieherinnen unseres) erfahren sie mit Bildern und durch Gegenstände, die wir mitbringen, was heute ansteht. Für jede Station im Tagesablauf planen wir viel Zeit ein; für die Mahlzeiten zum Beispiel eine Stunde. Das sprechen wir mit den Hauswirtschaftskräften ab. Unser Tagesablauf wird durch die Bedürfnisse der Kinder bestimmt, nicht durch die Bedürfnisse der Verwaltung. Ich bin unserer Leiterin dankbar, dass sie sich immer und immer wieder dafür einsetzt!*
>
> *Das Ankommen, das Frühstück, die Spielzeit am Vormittag, das Mittagessen, das Ausruhen, die ruhigeren Aktivitäten am Nachmittag, der Abschied – alles braucht seine Zeit und ist für die Kinder etwas Besonderes. Über diesen regelmäßigen Wechsel erhalten die Kinder eine erste Ahnung von Zeit, obwohl sie alle im Hier und Jetzt leben. Hier lernen sie über das Erleben, was ‚jetzt und nachher', ‚noch einmal und nicht noch einmal', vorher und nachher', ‚gleich und nicht mehr' be-*

*deuten. Das ‚Morgen', ‚Übermorgen' oder ‚Gestern' sind für sie noch Bücher mit sieben Siegeln.*

*Damit die Kinder wissen, was kommt, kündigen wir jeden Abschnitt auf besondere Weise an: mit Musik oder mit symbolischen Handlungen (wie zum Beispiel das Hereinschieben des Teewagens oder das Wegnehmen der Patchworkdecken von den Matratzen vor der Mittagsruhe; wir zeigen Sandspielzeug oder einen Schneeanzug, wenn wir rausgehen wollen). Und so klein sie auch sind: Die Kinder machen sich Gedanken, ob sie mitmachen wollen oder nicht."*

In Ellas Kindergruppe finden Kinder kontinuierlich Ausgleich in erlebten Gegensätzen; sie erfahren zudem auf ihre individuellen Bedürfnisse möglichst abgestimmte Aktivitäts- und Ruhephasen, Rückzugs- und Entspannungsmöglichkeiten. Jedes Kind erlebt darüber hinaus: „Es gibt Zeiten von besonderer Qualität, in denen wir Erwachsenen dir allein, voll und ganz zur Verfügung stehen." So kann ein Kind das Vertrauen gewinnen: „Auch wenn ich jetzt noch nicht gleich an die Reihe komme, so werde ich das aber bald. Ich muss nicht schreien, um Aufmerksamkeit zu erregen."

Jeder Organismus bildet sein eigenes Zeitgefühl. Gleichwohl ist jede Station im Tagesablauf auch eine Übergangssituation: Jedes Mal gilt es, sich neu zu orientieren, seinen „Platz" zu finden im Kontakt mit den Menschen, die dazu gehören. Die Kinder bekommen Zeit, um ihre Erfahrungen und Tätigkeiten zu Ende zu machen und dann „umzuschalten". So wie in dieser Kita:

*„Eltern erfahren bei uns: Die Kinder können sich auf uns verlassen, und was wir versprechen, halten wir – und dafür nehmen wir uns Zeit. Wir brauchen dazu die Rückenstärkung und Unterstützung durch die Leitung und durch die Elternschaft. Schon im Aufnahmegespräch erfolgt deswegen die Bitte um rechtzeitiges Bringen und Abholen der Kinder und um den regelmäßigen Ersatz von Windeln und Kleidung. Wir bitten auch um rechtzeitige Termin- und Zeitabsprache mit uns.*

*Wir haben unser Konzept, wir begründen und vertreten es nach außen und sind gern bereit, auf Anregungen einzugehen. Wir möchten uns aber nicht hetzen lassen – zum Beispiel durch Leistungsanforderungen an die Kinder. Wir haben ein Zeitmanagement für das Zeitlassen.*

*Die Stationen im Tagesablauf sind für uns die Situationen, in denen Kinder von uns etwas angeboten bekommen. Wir machen weder uns noch den Kindern Stress mit methodisch durchgeplanten ‚Beschäftigungen'; wir machen Angebote, die auf die Themen der Kinder aufbauen. Wir bieten also das an, woran sie momentan besonders interessiert sind: Wenn sich mehrere Kinder stark für Regenwürmer interessieren, suchen wir sie im Garten oder blättern in Büchern.*

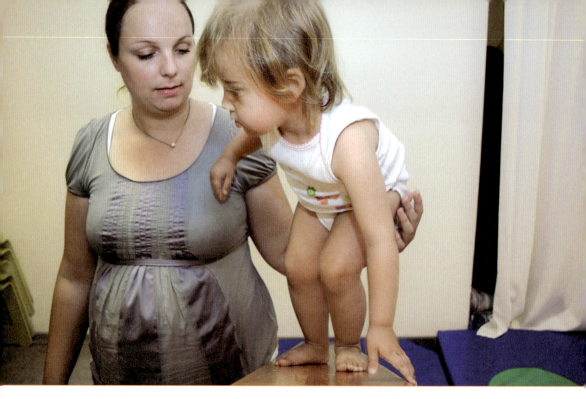

*Abb. 23: In Ruhe die Bewegungsbedürfnisse der Kinder beobachten und entsprechend reagieren*

Dann machen wir Regenwürmer aus Ton, aus Knete, aus Sägemehlteig oder aus verkleistertem Zeitungspapier und probieren aus – Woraus kann man sie am besten gestalten? Und meistens bauen die Großen ihnen dann noch ein Bett …

Wir gehen davon aus, dass die Kinder ihre Themen über unser Raum- und Materialangebot entdecken; wir regen sie an, damit zu experimentieren. Und: Die Meinung, dass Kleinstkinder höchstens zehn Minuten bei einer Sache bleiben können, ist mehr als veraltet. Sie sollten sich das mal ansehen: Manchmal einige Minuten, manchmal über Stunden bleiben die Kinder bei ihrem Thema, bis sie ‚satt' sind und Bescheid wissen. Deshalb bestimmen sie bei uns die Dauer, den Ort, das Material und natürlich die Spielpartner weitestgehend selbst. Damit wir das realisieren können, sind Geduld und Langsamkeit von uns gefragt. Nur wenn ich selbst entspannt bin, kann ich Gelassenheit ausstrahlen. Und entspannt bin ich, wenn ich am Montag nicht über einem Wochenplan grübeln und am Ende der Woche beweisen muss, dass ich ihn auch umgesetzt habe.

Aber weil Eltern ein Recht auf Information haben, nehmen wir uns regelmäßig Zeit für Beobachtung und Dokumentation mit kommentierten Fotoserien. So vermeiden wir, dass Eltern nicht wissen, was ihr Kind in der Kita erlebt. Wir schreiben zudem halbjährlich für das Portfolio der Kinder Lerngeschichten. Und wir nehmen uns Zeit, gemeinsam im Teamgespräch einen Wochenrückblick zu verfassen und am Informationsbrett auszuhängen. Leider lesen viele Eltern den nicht. Aber immerhin, das Angebot haben sie."

## 5.4 Die Erfahrungswege der Kinder aufspüren

Kleine Kinder denken und lernen anders als wir Großen. Ihre Verarbeitungsprozesse entsprechen fast nie unserer Erwachsenenlogik. Sie lernen niemals geradlinig, sondern ihre Erfahrungsprozesse sind gekennzeichnet durch Wechselhaftigkeit, Abweichungen und Kursänderungen, die unsere Geduld oft an die Grenzen bringen. Meist hat ihr Spiel eine für uns nicht nachzuvollziehende Richtung. Sie brechen Tätigkeiten kurzerhand ab, wenn etwas Neues in ihr Blickfeld gerät und beziehen es schnell ein, wodurch ihr Spiel eine ganz neue Richtung erhält. Sie schlagen mühsam Umwege ein, auf denen sie sich offenbar noch genauere Informationen einholen. Ihre Lernprozesse variieren nicht nur von Kind zu Kind, sondern auch individuell und haben ganz unterschiedliche Beschleunigungsgrade. Kleinstkinder brauchen Zeit sowie Erwachsene, die mit offenen Antennen nebenher gehen und eingreifen, wenn Gefahr droht oder Hilfe gebraucht wird. Bemerkenswert ist noch: Kleinstkinder beschäftigen sich am liebsten mit Dingen, die Erwachsene für nebensächlich halten und machen diese zum zentralen Gegenstand ihres Interesses. Dabei beziehen sie die anderen Kinder mit ein und sehr oft wird ein „Projekt" daraus. In jedem Fall führen ihre Abenteuer in ihren Abläufen und Ergebnissen zu Dimensionen, die wir Erwachsenen meist nicht erwarten und die wir nicht schlüssig erklären können.

### *Das Rätsel der Wiederholung*

*Jeremy ist drei Monate alt und liegt in seinen Wachzeiten gerne auf der Krabbelmatte im Gruppenraum. Von dort aus beobachtet er die Kinder und die Erwachsenen, liegt lange zufrieden auf dem Rücken, schaut vor sich hin und tut nichts anderes als zu versuchen, seine Hände über dem Brustkorb zusammenzubringen. Hat er es geschafft, so verschränkt er die Finger ineinander und befühlt ausgiebig die eine Hand mit der anderen.*

*Plötzlich macht er etwas Neues. Er hält inne, streckt seinen linken Arm immer wieder steif von sich, knickt ihn rechtwinklig ab und zielt mit dem abgespreizten Daumen in Richtung Mund. Manchmal trifft er, manchmal nicht. Seine Augen folgen konzentriert den Bewegungen des Armes. Er übt und übt konzentriert und voller Hingabe das Zielen in den Mund; er wiederholt fortwährend die gleichen Bewegungen. Janina, die Praktikantin, findet seine ständigen Wiederholungen eintönig. Fällt ihm nichts Neues ein? Kann sich das nicht zu einem Tick entwickeln? „Vielleicht müssen wir mehr mit ihm spielen, ihn von sich ablenken?" fragt sie Ella. Andererseits sieht er ganz zufrieden aus. Also lässt sie ihn weiter-*

machen. In Bauchlage gelingt es ihm leichter, den Daumen mit einer 90 Grad Bewegung in den Mund zu stecken, da es der feste Untergrund leichter macht, den Mund zu treffen."

Janina hat bestimmte Erwartungen an dem Spiel der Kinder dieses Alters: Sie weiß, dass mit drei bis vier Monaten die ersten, noch ungezielten Greif-Versuche stattfinden und wartet vergeblich darauf. Ratlos fragt sie Ella: „Wenn ich selbst eine einfache Bewegung lerne, gucke ich sie mir ab, wiederhole sie ein paar Mal und dann kann ich sie. Dass Jeremy sich so lang und so voller Hingabe mit einer einzigen Bewegungsabfolge beschäftigt, kommt mir absurd vor!" „Mach dir keine Sorgen", antwortet Ella. Die Kleinen wiederholen neue Bewegungsmuster ungezählte Male. Sogar im Schlaf setzen sie ihre ‚Übungen' fort, sofern sie

Abb. 24: Wiederholen, wiederholen ...

genügend Bewegungsfreiheit haben. Ich erinnere mich, dass ich das oft bei Timmi beobachtet habe, z. B. wenn er das Hochstrecken seines Pos und das Durchdrücken der Knie tagsüber unermüdlich ‚probte'; anschließend wiederholte er das auch im Schlaf."

## Den Körper erkunden

Kinder und Erwachsene sitzen nach dem Frühstück noch ein wenig beisammen; Jonas (sieben Monate alt) sitzt auf Janinas Schoß. Er steckt sich abwechselnd einen Löffel, dann seine Hände in den Mund und babbelt: „gra gra, da da ..." Janina hat Lust, mitzuspielen und macht ihm einen neuen Laut vor. Wenn sie die Zungenspitze an der Oberlippe vom linken zum rechten Mundwinkel und zurück gleiten lässt, klingt das wie „lödl, lödl". Neugierig, ja gebannt, starrt er auf ihren Mund, steckt ihr nach einer Weile den Löffel in den Mund und fühlt über den Löffel in seiner Hand das Hin und Her ihrer Zunge sowie das Vibrieren der Töne in ihrer Mundhöhle.

*Plötzlich schlägt er mit dem Löffel nach ihrem Mund, wird unruhig und guckt ganz finster; das heißt unmissverständlich: „Hör auf!" Sie verstummt, ist zuerst betroffen und beobachtet dann, wie er seinerseits die Finger in den Mund steckt und selbst den neuen Ton ausprobiert. Erst bewegt sich seine Zunge träge und langsam, die Töne klingen verzerrt. Er starrt ganz konzentriert vor sich hin. Langsam gleitet seine Zunge immer geschickter im Mund hin und her, bis er es kann! Wie jede andere neu erworbene Fähigkeit übt er auch diese tagelang – bis er etwas Neues entdeckt und die neuen Möglichkeiten austestet.*

*Einige Zeit später, Jonas ist immer noch sieben Monate alt, liegt er an einem warmen Sommertag, nur mit Windelhose und Hemd bekleidet, auf einer Decke in der Sonne. Er rekelt sich genüsslich, streckt alle Glieder aus und wälzt sich langsam zur Seite, auf den Rücken, auf den Bauch. Dann legt er sich gerade auf den Rücken, zieht seine Beine an, streckt beide Arme vor, hält sie so eine Sekunde lang und ergreift seine Füße. Die kleinen Zehen befühlt er lange, lässt sie dann wieder los, um sie wieder im gleichen Bewegungsablauf einzufangen. Dabei stört ihn offenbar seine Kleidung. Janina traut ihren Augen nicht: Er strampelt so heftig und so geschickt, dass er seine Windelhose abstreift. Jetzt sieht er richtig entspannt und zufrieden aus. Aber: Was, wenn er jetzt „muss"? Janina beobachtet sein weiteres Spiel unter leichter Anspannung – sprungbereit. Während er das Zehenfangen viele Male wiederholt, lallt er begeistert; dicke Blasen von Spucke bilden sich dabei um seinen Mund. Das Spiel hat ihn angestrengt. Er rollt sich auf den Bauch und nuckelt ausgiebig, schmatzend und genüsslich. Er zieht die Knie unter den Bauch, der Po ragt hoch. Er mag nicht mehr nackt spielen. Janina ist erleichtert, dass er trocken geblieben ist, und zieht ihn an. Er ist müde und zufrieden.*

In Sicherheit, in der Nähe der schützenden Erwachsenen, lässt sich der eigene Körper gut erkunden: seine Spannkraft, alle seine Teile, Verstecke und Höhlen. Sich auf diese Weise mit sich selbst zu beschäftigen, ist uns Erwachsenen aber manchmal suspekt. Wenn wir dies bei Kindern beobachten, löst es leicht Ängste bei uns aus – möglicherweise deswegen, weil uns die Beschäftigung mit dem eigenen Körper als Kinder verboten war.

Vielleicht ist das auch ein Grund dafür, dass wir Kindern nur selten die Gelegenheit geben, sich ohne die hemmende Kleidung genüsslich mit ihrem Körper zu beschäftigen. Vielleicht hatte auch Janinas Angst, Jonas könnte auf der Decke Pipi machen, mit der allgemeinen Schwierigkeit zu tun, das Selbsterkunden des Körpers als etwas Normales und Natürliches zu akzeptieren. Kleine Kinder brauchen aber das Erkunden des eigenen Körpers – das ist nämlich ihr erster Weg, sich Wissen über das eigene Selbst zu erarbeiten. Und obwohl wir das wissen, bleiben wir diesbezüglich empfindlich. Alte Ängste werden wohl wach, auch wenn wir wissen, dass die Selbsterkundung eines Säuglings normal ist. Unsere Wahrnehmung dieser negativen Gefühle kann aber wiederum zu einer noch größeren Verkrampfung führen, weil wir uns über unsere eigenen ablehnenden Gefühle ärgern. Die Kinder bemerken aber unsere Verkrampfung. Sozusagen durch „seelische Ansteckung" wirkt sich unsere Spannung so aus, dass das Kind mit der Zeit die Selbsterkundung einstellt. Befreien können wir uns von diesen Ängsten nur, wenn wir uns mit unserer Abneigung gegen diese Selbsterkundung der Kinder auseinandersetzen. Wir müssen ihr nachspüren, um sie mit der Zeit zu verlernen und zu verinnerlichen, dass nichts Verwerfliches daran ist.

In der Kita fällt es allerdings oft schwer, die Bedürfnisse der Kinder nach körperlicher Selbsterfahrung wahrzunehmen und ihrer Entfaltung Raum zu geben. Christel hat dafür einige Möglichkeiten gefunden:

*Christel betreut in der altersgemischten Gruppe die Kinder zwischen drei und zwölf Monaten. Wenn sie mehr Zeit hat (weil die Praktikantin da ist, oder die Gruppe aus unterschiedlichen Gründen nicht komplett ist), gibt sie ab und zu einem Kind mehr Zeit zum Nacktstrampeln beim Wickeln.*

*Für Körpererfahrungen nutzt sie auch das Tragetuch: Sofern Gelegenheit ist, trägt sie ein Kind mit sich herum. Das Baby erfährt durch den engen Körperkontakt mit Christel seine eigene Körperlichkeit in der Abgrenzung zu ihr. Mit dem ganzen Körper spürt es ihre Wärme. Das Baby kann Christels Gesicht ertasten – und dies in einem Gefühl der Sicherheit und des körperlichen Wohlgefühls. Christel ermöglicht den Kindern auch dadurch Bewegungsfreiheit und die Möglichkeit zu gefahrlosen eigenen Körpererfahrungen, indem sie im Sommer draußen auf einer großen Schaumstoffmatte auf dem Rasen liegen dürfen.*

# 6. Missverständnisse und Probleme – und wie sie zu bewältigen sind

| | | |
|---|---|---|
| 6.1 | „Ich will doch nur dein Bestes" | 83 |
| 6.2 | Schwellenangst ausdrücken und überwinden | 86 |
| 6.3 | „Lass mich!" | 89 |

## Missverständnisse und Probleme – und wie sie zu bewältigen sind

Ebenso wie Verständnis ein Wechselspiel zwischen allen Beteiligten ist, ist es auch der Mangel an Verständnis. In schwierigen Situationen mit einem Kind müssen wir Erwachsene uns nicht nur fragen: „Was möchte wer?", sondern auch: „Was hindert mich daran, das Kind zu verstehen?" Und, wie bereits erwähnt, geht es nicht allein darum, ein perfektes Miteinander zu ermöglichen, so dass alles „glatt funktioniert". Es geht auch um die Erfahrung, dass es Situationen gibt, die nicht auflösbar erscheinen, mit denen wir nicht umgehen können. Und das muss kein Grund zur Verzweiflung sein. Schließlich müssen wir mit uns, mit unseren Kindern und mit unserem Leben anders umgehen als mit einem Haushaltsgerät, welches nach Gebrauchsanleitung zu funktionieren hat.

Viele Erwachsene haben es verlernt, nonverbale Signale wahrzunehmen; dementsprechend können sie auch nicht auf sie reagieren. Erwachsene „senden" und „empfangen" hauptsächlich auf dem sprachlichen „Kanal" – und diese Inhalte sind dem Kleinstkind selten verständlich. (Wohl aber erfasst es bereits lange vor der Geburt die Modulation der mütterlichen Stimme und die der Menschen in seinem Umfeld.)

Von frühester Kindheit an sind wir es gewohnt, in der Kommunikation nur auf Sprache zu achten und alle wichtigen Informationen über sprachliche Mitteilungen zu bekom-

*Abb. 25: Was geschieht jetzt? Fragen ohne Worte stellen*

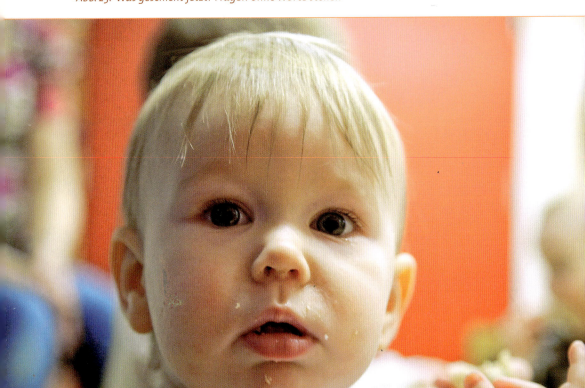

men. Wir haben gelernt, nonverbale Signale als etwas „Gefühlsbetontes", als etwas Vorübergehendes zu (ent)werten. Da das Kind ja doch bald lernen wird, sich „vernünftig" auszudrücken, halten wir es häufig nicht für notwendig, uns auf seine vorsprachlichen Äußerungen einzulassen.

Die Frage in Stresssituationen: „Was will das Kind denn bloß?" stellt sich häufig, und die Schwierigkeit sie zu beantworten, hängt nicht nur damit zusammen, dass wir verlernt haben, Körpersignale zu verstehen (etwa hochgezogene Schultern, zusammengekniffene Lippen, das Besondere im Ton des schreienden Babys). Wir sind zudem von unseren Erfahrungen geprägt (die uns nicht selten Situationen falsch deuten lassen) – genauso wie von tiefen Ängsten, schlecht dazustehen. Wir haben Angst, vor einer Umwelt zu „versagen", die primär am „Funktionieren" und nicht am Verstehen der Kinder interessiert ist.

## 6.1
## „Ich will doch nur dein Bestes"

*In Janinas Gruppe wurde kürzlich der zweijährige Patrick mit der Diagnose „Trisomie 21" aufgenommen. Die Eltern sind froh, dass seit einiger Zeit auch Kinder mit Behinderungen, die noch nicht das dritte Lebensjahr vollendet haben, in den Genuss der Kita-Betreuung kommen können. Janina berichtet von ihrer ersten Begegnung mit Patrick:*

*„Eben hat er nach seinem ersten Schlaf bei uns seine erste Mahlzeit bekommen. Er trinkt noch aus dem Fläschchen und hat noch keine Brei-Mahlzeiten bekommen. Er scheint in seiner Entwicklung noch wie die ganz Kleinen zu sein. Ich betrachte ihn und mache mir Sorgen: Er ist noch so klein, eher wie ein fünf Monate altes Kind. Wird er jemals aus seiner hilflosen Passivität herauskommen?*

*Damit er etwas Auffallendes und Farbenreiches sehen kann, hänge ich ihm ein Mobile aus großen, glänzenden, farbigen Plastikbällen an die Seite des Bettes. Er sieht sie nicht an. Trotzdem geht offensichtlich etwas in ihm vor. Seine Arme und Beine strecken sich etwas, er atmet heftiger. Um seine Aufmerksamkeit und seine Blicke auf das Mobile zu lenken, bewege ich die Kugeln ein bisschen. Er streckt im Schreckreflex die Arme aus und spreizt die Finger. Das bedeutet Angst! Ich nehme schnell das Mobile weg, ich will ihn nicht überfordern. Aber Patrick reagiert nicht mit Erleichterung, so wie ich es erwartet habe; er verzieht das Gesicht, als wolle er gleich losbrüllen. Schnell hänge ich das Mobile wieder an seinen Platz. Patrick entspannt sich, macht Saugbewegungen, schaut dabei zur Seite und wirkt zufrieden. Er macht aber keinen Versuch, das Mobile mit den Blicken ‚zu fangen'.*

*Weil ich aus seinen spärlichen Äußerungen nicht erkennen kann, was er will, gebe ich das Spiel auf. Für einige Zeit wende ich mich den anderen Kindern zu. Dann gehe ich wieder zu Patrick und erwarte, ihn friedlich schlafend zu sehen. Was ich tatsächlich sehe, fasziniert und befremdet mich: Patrick hat seine dünnen Arme weit von sich gestreckt, wie Antennen; der eine bewegt sich unsicher, ruckartig in der Nähe der glänzenden Plastikbälle. Der Hals ist lang gestreckt wie bei einer aufgeregten Schildkröte; seine Augen sind weit geöffnet und die Blicke auf die Kugeln gerichtet. Seine Zunge und die Lippen machen Bewegungen, als wollten sie etwas fassen. Seine Beine strampeln rhythmisch abwechselnd unter der Decke. Das ganze Kind ist in Aufregung, offenbar möchte es dringend etwas erreichen – aber was?*

*Ich bin begeistert: Er hat ja doch das Bedürfnis, sich mit der Welt auseinanderzusetzen! Weil er noch nicht einmal ansatzweise greifen kann, möchte ich ihm helfen, ihm die Lösung seines Problems abnehmen, ihn zur Ruhe kommen lassen: Ich drücke ihm also einen der Plastikbälle in die Hand, die sich daraufhin, wie bei einem Neugeborenen, reflexartig darum schließt. Ich denke: ‚Jetzt kann er damit spielen und ist zufrieden.' Aber das Gegenteil ist der Fall!: Seine Energie verpufft wie die Luft aus einem Luftballon. Er hört auf zu strampeln, sein Mund schließt sich, die Augen bekommen wieder den etwas stieren, schläfrigen Blick und er scheint einzuschlafen.*

*Was ist geschehen? Weil er so hilflos und schwach wirkte, wollte ich ihm behilflich sein, ihm Frustrationen ersparen. Alle diese Versuche haben aber das Gegenteil von dem bewirkt, was sie bewirken sollten: Das Klappern hat ihn geängstigt, das Hin-und-her-Hängen hat ihn verwirrt. Dass ihm die Kugel in die Hand gegeben wurde, hat ihn der eigenen Erfahrung beraubt, es selbst zu tun; das hat schließlich seine Lust und seine Neugier erstickt. So klein, so schwach und so wenig lebensfähig er auch schien, so groß war in ihm der Drang, sich die Welt zu erobern und sie zu erkunden. Da wäre es gut gewesen, wenn ich mir selbst klargemacht hätte: ‚Du kannst ihm auch nicht den kleinsten Schritt in diese Richtung abnehmen, ohne ihm dabei etwas wegzunehmen.'"*

Aus dem Vorsatz „Ich will nur dein Bestes" entspringen alle pädagogischen Hilfen für Kinder und alle Fernseh- und Förderprogramme – auch schon für die ganz Kleinen. Viele dieser Programme unterstellen (zu Unrecht), dass das Kind nicht von sich aus in der Lage ist, sich aus der Umwelt zu holen, was es an „Lernangeboten" braucht, sondern dass es von fachkundigen Erziehern an alles herangeführt werden muss. Diese Annahme verhindert aber das aktive Lernen des Kindes, weil jede Art von Belehrung fertige, vom Erzieher gefundene Lösungen vorgibt, die das Kind um den eigenen Lernprozess und um das eigene Erfolgserlebnis bringen.

Alle Eltern wollen das Beste für ihr Kind, und ohne böse Absicht entmündigen viele von ihnen ihre Kinder durch eine Überfüllung ihrer Kinderzimmer mit allem, was in irgendeiner Form mit „Bildung" oder „Lernspielzeug" zu tun hat. Auch diesbezüglich ist aber weniger mehr. Das Kind braucht stattdessen Probleme, die es lösen kann und muss – also nichts anderes als Teilhabe am alltäglichen Leben. Wenn einem Kind diese alltäglichen Probleme aber aus dem Weg geräumt werden, macht es sie selbst – und darin sind kleine Kinder große Meister!

Wenn man ein Kind lässt, sucht es sich, entsprechend seinen Fähigkeiten und Bedürfnissen, genau die für sein Nervensystem „richtigen" Lernerfahrungen als „Input" aus. Dies betonen wir besonders im Hinblick auf sehr junge Kinder und auf Kinder mit Behinderungen: Durch ihre vermeintliche Abhängigkeit, Hilflosigkeit, Schwäche und „Sprachlosigkeit" lassen sich Eltern oder Erzieher leicht dazu verführen, sie als „Förder-Objekte" zu betrachten.

Die allgemein zu beobachtende Förderung für kleine Kinder hat allerdings noch einen anderen Hintergrund: Wir gehen meist davon aus, dass ein Kind in einem gewissen Alter bestimmte Fertigkeiten erlangt haben sollte. Dabei gehen wir von „Normen" aus, die in Entwicklungstabellen festgehalten wurden; wir übernehmen sie und betrachten sie als verbindlich.

Aber hinter solchen Vorstellungen verstecken wir oft auch unsere ganz persönlichen Wünsche. Warum fällt es uns so schwer, den individuellen Fähigkeiten des Kindes zu vertrauen? Hängt das vielleicht auch mit einem Mangel an Selbstvertrauen zusammen? Oder mit einer allgemeinen Verunsicherung hinsichtlich der kindlichen Lernfähigkeit? Bloß nichts versäumen? Unter diesem Diktat quälen viele Eltern sich und ihr Kind in den ersten Jahren mit Baby-Programmen, Baby-Schwimmschulen, Baby-Turnen oder musikalischer Früherziehung – und verpassen dabei den Kontakt zu ihrem Kind.

## 6.2 Schwellenangst ausdrücken und überwinden

*Katja feiert heute ihren dritten Geburtstag. Für die Feier hat Janina, zusammen mit den Kindern den Raum festlich geschmückt. Martin (2,5), der heute zum ersten Mal ohne seine Mutter auch am Nachmittag in der Kindergruppe ist, guckt sich alles an, greift sich aus einem Körbchen einige Kekse und krabbelt unter den für das Kuchenessen gedeckten Tisch. Dort bleibt er und isst seine Kekse, später auch seinen Kuchen; dort lässt er sich auch mit Saft versorgen. Spricht ihn jemand an, senkt er den Kopf und antwortet nicht. Die Kinder fühlen sich nicht gestört.*

*So verläuft das Geburtstagsfest – trotz der Irritation der Erwachsenen – zur Freude aller und wie von Katja gewünscht. Martin sitzt während der ganzen Zeit unter dem Tisch und beobachtet. Mit der Zeit gewöhnen sich alle daran. In der letzten Viertelstunde kommt er hervor und fängt an, mitzumachen. Janina wundert sich und fragt seine Mutter am Abend: „Kennen Sie das auch zuhause von ihm?" Wie aus der Pistole geschossen antwortet sie: „Oh Gott, was ist mit ihm los? Meinen Sie, wir sollen ihn wieder abmelden?"*

Alle Menschen, auch Erwachsene, erleben jede neue Situation und jede neue Anforderung als eine Form des Übergangs von einem bekannten, vertrauten Zustand zu einem anderen, unbekannten. Und jede Übergangssituation ist mit Schwellenängsten verknüpft, auch wenn es sich um so etwas „Schönes" wie ein Kindergeburtstag handelt. Wir müssen alle diese Ängste erst überwinden, um zu lernen, wie die fremde Situation zu meistern ist. Kleine Kinder brauchen dabei die Begleitung Erwachsener.

Jedes Kind verarbeitet von Anfang an seine Ängste auf seine Weise. Einige weinen und suchen nach Trost. Andere vermeiden den ängstigenden Schauplatz und ziehen sich zurück, gucken nur still zu, nuckeln am Daumen, stopfen sich mit Essen voll, haben Bauchweh, brauchen ein bestimmtes Spielzeug. Wieder andere geben sich betont mutig: Sie treten sozusagen die Flucht nach vorn an und verhalten sich herausfordernd oder aggressiv.

Oft verstehen wir diese Ausdrucksformen nicht. Und die Geduld der Erwachsenen wird manchmal auf eine harte Probe gestellt. Oft halten wir nicht lange genug aus oder haben nicht genug Zeit, um das Kind diese Hemmschwelle überwinden zu lassen. Wir sind ärgerlich oder ungeduldig. Unser Ärger und unsere Ungeduld geben dem Kind aber das Gefühl, zu versagen – und das kann die Angst noch vergrößern.

*Abb. 26: Angst in einer „neuen" Situation?*

Eine solche Situation zeigt uns Erwachsenen aber auch unsere eigenen Grenzen. Möglicherweise haben unser Ärger und unsere Ungeduld noch einen weiteren Grund: Vielleicht können wir es uns selbst nicht erlauben, unsere Schwellenangst durch Rückzug zu verarbeiten – etwa indem wir unter den Tisch oder in eine stille Ecke kriechen, auch wenn so mancher von uns sicherlich gern ähnlich reagieren würde ... (Wir Erwachsene haben aber durchaus auch unsere individuellen Schutzmaßnahmen: „Wenn ich in ein neues Restaurant gehe, setze ich mich möglichst in eine Ecke und mit dem Rücken zur Wand. So fühle ich mich sicherer!" erzählte mir neulich jemand.)

Es ist allerdings für uns und für die Kinder lohnend, wenn wir uns mit unserem Ärger und mit unserer Ungeduld angesichts des merkwürdigen kindlichen Verhaltens bei Schwellenangst näher auseinandersetzen. Wir könnten uns einmal fragen: „Was genau ärgert mich daran so stark? Und woher kenne ich das aus meiner eigenen Kindheit?"

Martins Verhalten zeigt einen ganz souveränen Umgang mit seinen Ängsten – und mit anderen Gefühlen in für ihn befremdlichen Situationen. Es ist seine Art, sich zu schützen, und er wird sein Verhalten ändern, wenn er den Schutz nicht mehr braucht. Ähnlich souverän im Umgang mit seinen Ängsten ist auch Jeremy (2,5). Er weiß schon, dass fremde Situationen ihn ängstigen. Und er weiß aus Erfahrung, dass er mit diesen Ängsten ganz gut fertig werden kann, wenn Janina in der Nähe ist. Hier ihr Bericht:

## Missverständnisse und Probleme – und wie sie zu bewältigen sind

*Wieder eine Geburtstagsfeier, diesmal in der Nebengruppe, die Jeremy schon öfter besucht hat. Jeremy zieht an Janinas Pullover: „Hier bleiben!!" drängelt er und weint. Janina nimmt ihn an die Hand und öffnet die Tür zum Nebenraum. Mit großem Getöse kommen ihnen Kinder entgegen, die Jeremy noch nie gesehen hat – ein richtiger Schock. Jeremy will nicht hineingehen, seine Hand klammert sich krampfhaft an Janinas Pullover fest. Nun soll aber das Kaffeetrinken losgehen und die Kinder werden eingeladen, ihre Plätze einzunehmen. Jeremy weigert sich, weiterzugehen. Fest umklammert er Janinas Hand und ihren Pullover. Sie nimmt ihn auf den Arm; da lässt er sich endlich zu seinem Stuhl in der bereits versammelten Kinderrunde bringen – aber er setzt sich nicht hin. Janina ahnt, was in ihm vorgeht. Sie hockt sich neben ihn und legt ihre Hand auf seinen Rücken. Janinas Kollegin meint spitz: „Das müsste er aber schon allein können!" Janina bleibt äußerlich ungerührt.*

*Zögernd beginnt Jeremy, sich mit Kuchen zu versorgen; nach und nach nimmt er auch an den Gesprächen und am Quatschmachen der Kinder teil. Zum Wattepusten darf Janina sich auf ihren eigenen Stuhl am Ende des Tisches setzen. Nun traut er sich, allein zwischen den „neuen" Kindern zu bleiben.*

*„Wie kommt es", fragt sich Janina, „dass Jeremy mich als einzige so lange braucht?" Dann beantwortet sie ihre Frage selbst: „Er ist eben so. Für ihn ist meine körperliche Nähe noch länger wichtig, wenn die Situation neu ist. Es sind ja so viele Angstmacher zusammengekommen: Die vielen wildfremden Kinder, die laut und schnell auf ihn zukamen, der nicht sehr bekannte Raum, die Forderung an ihn ‚Lass Janina jetzt weg, die anderen Kinder können das ja auch. Pass dich dem Programm hier an.' Gewiss hat er auch gespürt, dass ich nicht ganz zufrieden mit ihm war; ich war ungeduldig, ein bisschen ärgerlich."*

*Janina weiß, welche Hartherzigkeit in dem Satz steckt: „Das müsste er aber schon allein können!" Da sie nicht von ihm verlangt hat, „es" allein zu können, hat er es relativ schnell geschafft. Abschließend meint sie: „Hätte ich mich daran orientiert, was Kinder in seinem Alter ‚schon können müssen', hätte ich ihm nicht nur nicht geholfen, ich hätte ihm auch neue Probleme aufgeladen."*

Erwachsene haben Angst, als Versager oder „Verwöhner" abgestempelt zu werden, wenn sie die emotionalen Bedürfnisse von kleinen Kindern ernst nehmen. Dem gelassen entgegenzutreten, ist nicht immer leicht. Aus Unsicherheit werden viele „strenger". Diese Konzentration auf die Reaktionen unserer Umwelt führt schließlich dazu, dass wir nicht mehr erkennen, was die Kinder tatsächlich geschafft haben: z. B. dass Jeremy eigentlich schnell seine Ängste überwunden hat und allein bleiben konnte. Dass Kinder durchaus schon in den ersten beiden Lebensjahren in der Lage sind, auch im Hinblick auf „Fremdes" schwierige Entscheidungen zu fällen, zeigt die folgende Geschichte:

*Eva wird jeden Morgen von ihrer Mutter in die Kita gefahren, zusammen mit einigen anderen Kindern, für die Evas Mutter „Fahrdienst" macht. Heute sitzen die anderen Kinder schon im Auto und warten auf Eva. Die sträubt sich, mit ihrer Mutter loszugehen. „Bei dir bleiben!" jammert sie. „Hier spielen!" Die Mutter will Eva keineswegs zwingen, in die Kita zu gehen, aber Eva soll ihre Entscheidung nicht nur selbständig treffen, sondern auch selbst vertreten. So sagt die Mutter ruhig und freundlich: „Dann geh mal raus und sag den Kindern, dass du heute nicht kommen magst." Das aber will Eva nicht: „Dann fahr ich doch lieber mit." Als ihre Mutter sie am Spätnachmittag abholt, spielt sie zufrieden – wie immer.*

*Dass Eva manchmal nicht so gerne in die Kita gehen mag, kann damit zusammenhängen, dass sie der Umgang mit den anderen Kindern ein bisschen anstrengt.*

## 6.3
## „Lass mich!"

Leichter als Angst oder Furcht sind in der Kita Ärger, Wut und Zorn auszumachen. Die Aggressionen der Kinder sind nicht nur Reaktionen auf Enttäuschungen und unterbrochenem Forscherdrang. Sie sind auch Reaktionen auf einen für sie „unüberwindlichen Widerstand" – auf ein überwältigendes Erlebnis von allzu Fremdem und von Überforderung.

### *Die Entdeckung der „Ich-Kompetenzen"*

Schon sehr früh gibt es ein Thema im Leben jedes Kindes, das die meisten Menschen bis ins hohe Alter fast unentwegt beschäftigt: das Selbstwerden. Immer wieder sucht und findet das Kind Gelegenheit, das, was es geworden ist, zu zeigen, um es sich auch selbst zu bestätigen – in Abgrenzung zu den anderen (zu Geschwistern, zu den Eltern, zu den Erwachsenen in der Kita). Dabei geht es immer um die Durchsetzung von bestimmten Interessen des Kindes: etwas tun oder nicht tun, etwas erforschen oder nicht erforschen dürfen, etwas haben wollen, um es zu untersuchen …

Die Praktikantin Anne kommt völlig ratlos in den Unterricht der Fachschule. Sie soll ihr Beobachtungskind beschreiben und erzählt, mit welchen unlösbar erscheinenden Problemen sie es in letzter Zeit zu tun hat:

*„Seit Cemal krabbeln kann, ist er nicht mehr wiederzuerkennen! Er patscht jedem Kind, dem er begegnet, stark auf den Kopf; oder er schubst es so heftig, dass es umfällt. Wenn es dann weint oder laut schreit, freut er sich und macht es*

gleich noch einmal! Er kichert dann richtig vor Freude! Kommt da jetzt so etwas wie Sadismus zum Vorschein? Wenn ich ihm vormache, wie er statt hauen streicheln kann, versucht er es – und haut dann doch wieder zu; dabei sieht er mich noch fröhlich und erwartungsvoll an. Und noch was: Wenn ich ihn auf den Arm nehme, bohrt er sofort in meinen Nasenlöchern herum und zerzaust mir die langen Haare. Einmal fingerte er so lange an meinem Goldkettchen herum, bis es zeriss. Dabei ruft er andauernd: ‚eee, ehh ...', so laut, dass es schon nervt. Erklären nützt nichts, Schimpfen nützt nichts. Bloß einmal: Da habe ich vorsichtig zurückgehauen. Da hat er mich ganz entsetzt angeguckt und dann so jämmerlich geweint, dass ich ihn schnell auf den Arm genommen habe."

Wenn Kinder anfangen, sich selbständig den Raum durch Robben oder Krabbeln zu erobern (das ist um den achten Lebensmonat herum), machen sie eine fundamental wichtige Entdeckung – vielleicht die Wichtigste im menschlichen Leben überhaupt: dass sie sich eigenständig und unabhängig von den Bezugspersonen von dem Ort wegbewegen können, an den sie gelegt wurden, um nach eigenem Ermessen auf Entdeckungstour zu gehen.

*Abb. 27: Den Raum eigenständig erobern*

Psychologen nennen diesen entscheidenden Schritt „Individuation", die Entdeckung der eigenen Ich-Kompetenzen. Gleichwohl hat das Ganze für die kleinen Entdecker eine unerfreuliche Kehrseite: Die vertrauten Erwachsenen reagieren nicht mehr uneingeschränkt positiv auf die neuen Lernleistungen, sondern sie verbieten, schränken ein, entwerten. Ein Kind wie Cemal, das bisher überwiegend positives Feedback gewohnt war, erschrickt deswegen und versucht nun durch erhöhte Anstrengungen den Großen klarzumachen, was er da gerade entdeckt hat: „Ich schaffe es, jemand anderen zum Schreien und Quieken zu bringen! Ich kann Dauerkrach erzeugen, wenn ich die Schranktür immer wieder auf und zu schlage! Ich kann erreichen, dass meine Milch nicht im Becher bleibt, wenn ich den umkippe! Ich kann die Milch mit meinen Händen auf dem Tisch verteilen! Guckt bloß mal, was ich alles kann!"

Der französische Biologe und Verhaltensforscher Jean Piaget (1896–1980) beschrieb in seiner Theorie von der geistigen Entwicklung des Kindes die Zeit von der Geburt bis zum achtzehnten Lebensmonat als „sensomotorische Intelligenz" („sensus": Wahrnehmung; „motorisch": auf Bewegung bezogen). Er ging davon aus, dass jedes Kind in der Aneignung seines Weltwissens eine eigene Darstellung seiner Lebenswelt erzeugt. Die Zeit zwischen dem dritten und dem neunten Lebensmonat dient, seiner Erkenntnis nach der planmäßigen Anwendung bisher erworbener Fähigkeiten an einem Gegenstand – zum Beispiel das Greifen und Umwerfen des Bechers; die zarte Kette der Praktikantin ergreifen, festhalten und in den Mund stecken; ein Kind hauen, kneifen und beißen.

## *Effekte testen*

Cemal verhält sich so, also wollte er ausprobieren, welche Effekte sich durch eigene erprobte Handlungen mit einem „Objekt" (hier mit den Kindern in der Gruppe) erzielen lassen – durch Einsatz mehrerer „Handlungsschemata" auf den gleichen „Gegenstand". Das Kind scheint ausprobieren zu wollen, wozu dieser „Gegenstand" gut ist, welche Effekte sich damit „erzeugen" lassen.

Kinder dieses Entwicklungsalters unterziehen die gesamte Umgebung systematischen Tests. Den durch eine bestimmte Handlung zufällig erreichten Erfolg wiederholen sie absichtlich, wenn der interessante Effekte mit sich bringt. Um diese „Tests" auszuführen, benutzen sie die Körperteile, die sie bisher trainiert haben: den Mund zum Prusten, Schmatzen, Schlürfen, Lecken, Beißen, Gurren, Lallen, zum Ausstrecken der Zunge, zum Lutschen oder Lippenspitzen; die Hände zum Ergreifen, zum Festhalten, Loslassen, Kneifen, Ziehen, Schütteln, Schlagen, Werfen, Wischen, Zerreiben, Bohren, Pulen, Kratzen oder Matschen. Zuerst sind sie noch ungeschickt, dann aber immer zielgerichteter – so lange, bis diese Fähigkeit „sitzt".

Es gibt eben eine unglaubliche Menge von interessanten Effekten, die ein Kind in diesem Alter in seiner Umgebung zu erzielen versucht, wenn es die Möglichkeit dazu hat! Der Sinn des Ganzen ist für das Kind „Objektpermanenz" zu erkennen: Das ist das Wissen, dass ein Ding oder ein Lebewesen auch dann noch da ist, wenn es verschiedenen Manipulationen unterzogen wurde – oder wenn es sich sogar kurzfristig außerhalb der kindlichen Wahrnehmung befindet.

Natürlich trifft diese „Effektgier" der Kleinen nicht auf ungeteilte Zustimmung der Außenwelt. Bei den Erwachsenen entsteht jetzt Verwirrung, Betroffenheit und Fassungslosigkeit wegen der ständigen „Grenzüberschreitungen". Was ist aus dem süßen Wonneproppen geworden, der Cemal noch vor einigen Wochen war? Ein Monster? Gegen dieses Monster-Verhalten entwickeln sich allmählich Ärger und Wut, begleitet von Schuldgefühlen: Das Kind ist ja noch so klein – irgendetwas müssen wir falsch gemacht haben!

## „Richtig" oder „Falsch?"

Jedes Kind vollbringt in diesem Entwicklungsalter gleichzeitig zwei geistige Klimmzüge: Einen Gegenstand zu erforschen und die Akzeptanz dessen zu testen, was es da gerade vorhat. Jede Handlung wird das Kind in Zukunft auch einem „Richtig-" oder „Falsch-Test" unterziehen, es wird prüfen, ob Annahme oder Ablehnung die Folge seiner Handlungen sind:

- Runzelt Ella die Stirn? Redet sie auf ihn ein? Schimpft sie? Gibt sie ihm sogar einen Klaps auf die Hand? Das sind zunächst neue „Effekte", die locken zum Weitermachen.
- Amüsieren sich die Großen über seine Heldentat? Das spornt zu neuen Höchstleistungen an.
- Hält Ella seine Hand fest, wenn er jemanden gekniffen hat? Sieht sie ihn ernst an und sagt deutlich „nein!"? Dreht sie sich dann von ihm weg? Nimmt sie das geschlagene Kind auf den Arm und entfernt sich? Wenn ja, fordert das zunächst zu erhöhter Effekt-Aktivität auf! Ella soll antworten!

Die Erwachsenen haben sich in Cemals Fall abgesprochen, möglichst alle und auf immer gleiche Weise auf seine körperlichen Attacken auf andere Kinder zu reagieren. Dadurch bleibt die „Belohnung" durch Zuwendung für seine Taten nun für immer aus. Cemal wird notgedrungen seine Handlungen als „falsch und unerwünscht" erkennen und das Schlagen und Kneifen nach einer Weile einstellen. Nur über das Ausbleiben von „Verstärkern" wie Aufmerksamkeit, positives oder negatives Reagieren lernt ein Kind dieses Alters nachhaltig, welche Effekte erwünscht und welche unerwünscht sind, und kann sein Verhalten darauf einstellen.

*Joshi (2,3) und Jeremy (2,2) streiten sich lautstark um einen Holz-Trecker. Joshi will ihn haben, aber Jeremy hat schon eine Weile die Funktion seiner Räder an der Schrankwand und an allen möglichen schrägen Flächen ausprobiert – und er will damit offenbar noch fortfahren. Joshi hat ihn dabei sehr gestört. Joshi schreit wutentbrannt: „Meins!! Dann hau ich dich aber!" Und schon tut er es, er haut Jeremy mit der Hand auf den Kopf. Der lässt sich das nicht gefallen und schubst Joshi heftig auf den Boden. Lautes Gebrüll ertönt auf beiden Seiten, aber keiner hat sich bisher ernsthaft wehgetan. Noch nicht. Es geht hin und her. Und es ist keine Einigung in Sicht.*

*Anne, die Praktikantin, hält das nicht länger aus. Sie nimmt Jeremy den Trecker weg und legt ihn ganz oben auf das hohe Regal: „Wenn ihr euch nicht einigen könnt, kann erst mal keiner damit spielen!" Joshi schreit deswegen umso heftiger los; er bekommt einen Tobsuchtsanfall und reagiert sich ab, indem er Spielsachen aus dem Bord reißt und auf den Boden wirft. Es geht zwar nichts kaputt, aber es entsteht eine große Unordnung. Jeremy ist ruhig und geht auf den Flur, um mit dem Bobbycar hin und her zu fahren. Anne geht in die Küche, um die Obstmahlzeit zuzubereiten.*

*Nach zwei Minuten kommt Joshi einigermaßen beruhigt aus dem Spielzimmer und sucht Jeremy, um mit ihm zu spielen. Gut, dass der Ärger raus ist! Nach einigen weiteren Minuten kommt Jeremy zu Anne: „Joshi kann Trecker haben, ich will Feuerwehr". Die holt sie ihm ohne Zögern, und die Kinder spielen danach wieder nebeneinander, als ob nichts gewesen wäre.*

Das ist noch einmal gut gegangen! Annes Eingreifen hätte sich auch ganz anders auf die Kinder auswirken können: Beide Kinder hätten sich nämlich vor der „Übermacht" dieser Erwachsenen beugen und resignieren können – mit den bekannten Behelfsmöglichkeiten wie Rückzug, Nuckeln oder Selbstaggressionen. Aber solche starken Kinder zeigen uns, dass unsere „Für-Sorge" immer entbehrlicher wird!

Missverständnisse und Probleme –
und wie sie zu bewältigen sind

## „Ich brauch dich nicht mehr!"

Auch sehr junge Kinder können Konflikte schon oft allein lösen und in einer schwierigen Situation für sich sorgen. Sie brauchen nicht in jedem Fall den Beistand der Erwachsenen – im Gegenteil: Ihre Lösungen sind oft kreativer als die der „Großen".

Jeremy wollte mit dem Holz-Trecker herausfinden, unter welchen Bedingungen sich Räder drehen und wann sie es nicht tun. Wenn Anne dieses Interesse als sein momentanes „Thema" wahrgenommen hätte, hätte sie vielleicht Alternativen angeboten, anstatt restriktiv einzugreifen. Die Kinder haben aber schließlich selbst einen exzellenten Ausweg gefunden.

Joshi und Jeremy machen gerade einen „Wachstumsschub" durch, der Veränderungen ihres Hormonsystems mit sich bringt. Aus den pummeligen Babys sind Kleinkinder geworden. Aber: Wachsen ist anstrengend und macht empfindsam. „Erregungsphasen" nannten frühere Entwicklungspsychologen Erscheinungen in der kindlichen Entwicklung, in der die eigene Persönlichkeit sich deutlich zeigen und sich von anderen abgrenzen will. Dann sind Kinder leicht „auf die Palme zu bringen", und zwar immer dann, wenn sie mit ihrem eigenen Willen auf unüberwindbaren Widerstand stoßen.

Je mehr sich ein Kind bis zu diesem Zeitpunkt als selbstwirksam erfahren konnte und sich etwas zutraut, desto mehr Grenzen legen sich ihm jetzt zwangsläufig in den Weg. Die Ohnmacht der Niederlage kann sich jetzt nur durch Wutanfälle Bahn brechen. Erwachsene sind durch dieses Verhalten verunsichert, verärgert und zweifeln an ihrer erzieherischen Kompetenz. Anne hat das Verhalten der beiden nicht als Ablehnung oder Aggression gegen ihre Person gedeutet, aber sie hat deutlich gemacht, wie es auf sie wirkt und einen nicht zu überwindenden Widerstand für die Kinder aufgebaut.

Der englische Kinderarzt und Psychoanalytiker D.H. Winnicott spricht in diesem Zusammenhang von Aggression als frühkindlicher Lebenskraft, die dem Kind die Unterscheidung von Selbst und Nicht-

*Abb. 28: Sich aufeinander beziehen und einen Konflikt allein lösen: Was kommt zuerst in den Eimer? Der Sand? Oder die Blätter?*

Selbst ermöglicht – aber nur dann, wenn sich die Erwachsenen als haltende, fürsorgliche, abgrenzende und auch mal als konfrontierende Gegenüber erweisen, ohne Vergeltungsanspruch oder Rachsucht.

> ▶ Hilfen für das Hineinwachsen der Kinder in die Realität (im Sinne von: „Ich bin ich und habe meine Meinung und meine Absichten" und „Du bist du und hast vielleicht andere Meinungen und Absichten.") sind:
>
> „Holding": Sicherheit geben, halten, Geborgenheit vermitteln. Eigene Enttäuschung, Rachegefühle und Ärger kontrollieren;
>
> „Handling": Möglichkeiten des Umgangs mit dem Problem, den Gefühlen und der Wiedergutmachung aufzeigen;
>
> „Object-presenting": Aufmerksam machen auf das, was gut läuft, was das Kind kann, was ihm schon gelungen ist beim Versuch, das Problem zu lösen.

Winnicott spricht auch von der Notwendigkeit der „unvollkommenen Mutter": von einer Bezugsperson also, die ihre eigenen Grenzen deutlich macht und sich auch mal „böse" und damit frustrierend verhält. Im Gegensatz dazu steht die „perfekte", sich allen kindlichen Wünschen unterwerfende und die eigenen Grenzen missachtende, hingebende Bezugsperson. Ein solcher Erwachsener enthält einem Kind aber den Gegensatz rivalisierender Bedürfnisse nach Annahme (einerseits) und Widerstand (andererseits) vor. Und das ist eine notwendige Erfahrung in der Entwicklung der Selbst-Steuerung.

> *Gregor ist zwei Jahre und neun Monate alt. Janina will mit den Kindern draußen spielen. Aber Gregor will im großen Karton weiterspielen. „Komm, ich zieh dich an!" ruft Janina energisch. „Dann hau ich dich aber, und dann bist du tot, und dann kommt die Feuerwehr!" poltert Gregor los. Sie versucht, ihn zu beschwichtigen, und sagt: „Aber ich denk, wir wollen Freunde sein!" Gregor erwidert: „Ich bin nicht dein Freund, Ella ist dein Freund. Dirk ist mein Freund!"*
>
> *Janina schluckt. Sie versucht noch einmal ruhig, ihn anzuziehen. Wieder wehrt er sich störrisch: „Ich bin ein Löwe und fresse dich!" Traurig und kleinlaut bringt Janina hervor: „Dann hast du keine Janina mehr, wer soll dann deine Janina sein?" „Ella!" Janina ist verdutzt. Er will sie los sein? Sie geht nachdenklich mit den anderen Kindern hinaus. Gregor spielt ungerührt weiter mit seinen Pappkartons.*

„Ich brauch dich nicht mehr" – das ist es, was Janina aus Gregors Protest- und Wutanfall, aus seiner Beschimpfung herausgehört hat. Allerdings lautete seine Botschaft ganz anders als von Janina verstanden. Nicht: „Ich brauch dich nicht mehr", sondern:

„Ich brauch dich etwas weniger als bisher. Ich bin ein Ich. Ich habe jetzt ein Spiel. Stör mich nicht dabei." Gegen den totalen Zugriff auf seine Person durch Janinas Satz „Wer soll dann deine Janina sein?" kann er sich wehren, weil er tatsächlich noch einen „Ersatz" hat: Dirk, den Erzieher, der ja sein Vorbild im Selbstwerden als Junge ist.

# 7. Wenn uns Kinder an unsere Grenzen bringen

| | | |
|---|---|---|
| 7.1 | Rückzug als Bewältigungsstrategie | 98 |
| 7.2 | Der Teufelskreis | 100 |
| 7.3 | Pädagogik als Mittel der Verzweiflung | 101 |
| 7.4 | Frühkindliche Sexualität und kindliche Gefühle | 104 |
| 7.5 | Mit Ekel umgehen | 106 |
| 7.6 | „Kindermund tut Wahrheit kund" | 108 |
| 7.7 | Den Sicherheitsabstand wahren | 110 |
| 7.8 | Mit Belastungen konstruktiv umgehen | 112 |

## 7.1
## Rückzug als Bewältigungsstrategie

*Frau R., 32 Jahre alt, hatte sich von ihrem Mann getrennt und musste nun für sich und ihren zweijährigen Sohn den Lebensunterhalt verdienen. Deswegen hat sie Michael in der Kita angemeldet. Nach der (gemeinsamen) Eingewöhnungsphase geriet der erste morgendliche Abschied zu einer Katastrophe: Michael schrie laut, so dass der Mutter die Trennung sehr schwer fiel. Der morgendliche Abschied blieb weiterhin schwer, obwohl sich Frau R. erneut einige Tage frei nahm, um mit Michael die Eingewöhnung fortzusetzen.*

*Frau R. erzählte über Michaels Anfang in der Kita: „Es dauerte nur ein paar Tage, und Michael war total verwandelt. Seine glänzenden Augen waren weg, das Spontane war weg, er sprach kaum und war ganz in sich gekehrt. Ich glaube, dass irgendetwas ‚kaputt' war, ich wusste nicht mehr, wie ich ihn ansprechen sollte. Und er konnte mir nicht sagen: ‚Ich fühle mich nicht wohl.' Ich habe seine Ablehnung gegenüber der Kita nur daran gemerkt, dass er alle von dort – auch die anderen Kinder aus seiner Gruppe – konsequent ‚übersah', wenn wir sie unterwegs beim Einkaufen trafen.*

*Am schlimmsten war der Weg morgens zum Kindergarten. An einer bestimmten Ecke fing Michael wieder mit diesem nervtötenden Schreien an und wollte aus dem Auto aussteigen. Sein Schreien dauerte so lange, bis er im Kindergarten merkte, dass ich jetzt wirklich gleich gehen werde. Da machte er den Mund zu, da war ich plötzlich Luft für ihn – obwohl, ich mir jeden Tag ein bisschen Zeit genommen habe, um noch mit ihm zu spielen. Aber da wirkte er dann immer so gelangweilt, gab mir keine Antwort.*

*Das war das, was mich an meiner Berufstätigkeit am meisten belastet hat: Dass ich Michael nicht mehr verstanden habe, dass er ‚zugemacht' hat und dass ich genau wusste, es wird immer schlimmer, wenn ich versuche, mit ihm über den Kindergarten zu reden. Ja, wirklich, dieses Gefühl hat mich fast erdrückt. Auf dem Weg zur Arbeit drehte sich bei mir alles nur um das eine Thema: Wie geht es ihm jetzt? Was macht er jetzt? Wie verkraftet er das? Ich war so machtlos – und ich musste ja arbeiten! Und in der Arbeit musste ich mich voll auf meine Tätigkeit konzentrieren."*

Michael konnte offenbar seine Ängste nur mit einem totalen Rückzug bewältigen. Dass ein Kind in einer solchen Situation nicht mehr schreit, sondern passiv und still wird, wird häufig so gedeutet, dass seine Ängste geringer geworden sind. Das ist aber nur auf eine gewisse, traurige Art und Weise wahr: Da Michael eine so starke Belastung nicht lange aushalten konnte, da seine Hoffnung auf Änderung oder Besserung der Situation schwand, wurden seine Gefühle verdrängt, buchstäblich aus dem Bewusstsein geschoben – und „verschwanden" vorerst tatsächlich.

Was Michael gelernt hatte, war Hilflosigkeit. Seine Fähigkeit, mit Fremdem umzugehen, war zunächst einmal durch den Verlust seines Vaters eingeschränkt; ein Verlust, den er gewiss noch nicht verarbeitet hatte. Mit dem Vater war auch ein Stück Sicherheit gegangen. Zum anderen war deutlich, dass Frau R. unter Schuldgefühlen gegenüber Michael litt, weil sie ihn in einer Notlage im Kindergarten abliefern und ihn dort alleinlassen musste. Es spricht sehr vieles dafür, dass Michael durch diese großen Schuldgefühlte seiner Mutter zusätzlich belastet wurde. Und vor allem: Dieses Schuldbewusstsein machte es Frau R. unmöglich, mit ihrem Sohn unbefangen zu spielen und sich auf ihn einzulassen. Die z.T. verlorene Sicherheit durch den Weggang des Vaters, eine Mutter voller Selbstzweifel und Schuldgefühle und zusätzlich die neuen Erfahrungen im Kindergarten – das war für Michael nicht mehr zu bewältigen.

Je mehr sich Erwachsene, so zeigt die Erfahrung, in einer solchen Situation mit Schuldgefühlen plagen und angesichts der Tränen und der Trauer ihres Kindes in immer neue Selbstanklagen und Verzweiflung verfallen, desto unlösbarer werden die Probleme für das Kind. Erst von dem Punkt an, an dem es die Erwachsenen aufgeben, diese Probleme möglichst schnell „aus der Welt schaffen zu wollen" und sie sich diesen Problemen stellen, kann sich die Situation entspannen und langsam Genesung und Heilung für alle Beteiligten einsetzen. Für einen solchen Schritt ist aber Hilfe nötig. Niedrigschwellige Beratungsangebote sind in Deutschland immer noch selten; und die Hemmschwelle, Beratung aufzusuchen, ist für die meisten hoch. Hier kommt die Kita als Familienzentrum ins Spiel: In einem Familienzentrum finden nicht nur die Kinder, sondern auch die Eltern Unterstützungs- und Entwicklungsmöglichkeiten. Janina sagt dazu:

> *„Wir sind für viele Eltern die einzigen Menschen auf der Welt, mit denen sie über ihre Ängste und Erziehungsprobleme zu sprechen wagen. Und natürlich geben wir ihnen die Chance, wenn wir das merken, und machen Gesprächstermine aus – meist als Überstunden. Aber das kann nicht die Lösung sein. Wenn Frau R. in unserer Kita eine vertraute Sozialpädagogin vorfinden würde, würde sie jemanden haben, der ihr genug Zeit und Aufmerksamkeit schenken könnte, damit sie ihre eigenen Ängste überwinden kann. Und dann würde auch Michael aus seinem Schneckenhaus kommen!"*

## 7.2
## Der Teufelskreis

Oft schaffen aber gerade die Versuche, Probleme zu lösen, neue Probleme, die dann in geradezu ausweglose Situationen oder in ernste Beziehungsprobleme zwischen Erwachsenen und Kindern münden:

*Timmi ist hingefallen und weint bitterlich. Jan, der Erzieher, geht zu ihm, kniet sich hin, streichelt über die Stelle am Knie und sagt: „Ach, Timmi, so ein kleiner Ratscher! Der tut doch gar nicht weh! Komm, wir legen einen Bonbon als Pflaster drauf!" Timmi schlägt den Bonbon weg und weint lauter. „Indianerherz kennt keinen Schmerz" erwidert Jan daraufhin. „Du bist doch ein Mann!" Jetzt brüllt Timmi so laut, dass andere Kinder dazukommen. Jan ist ratlos. Er weiß nicht, wie er Timmi beruhigen kann. Timmi hört erst auf zu weinen, als er vor Müdigkeit in seinem Buggy einschläft. Den ganzen Tag über ist er sehr in sich gekehrt. In den nächsten Tagen meidet er den Kontakt zu Jan.*

Es ist verführerisch, eine momentan ausweglos erscheinende Situation wie diese entweder durch uneingeschränkte Zuwendung, durch Zärtlichkeit oder durch „Liebesgaben" (also durch ein „Mehr vom Gleichen") in den Griff zu bekommen – oder ein trauriges und verschlossen wirkendes Kind durch alle möglichen Formen der Aufmunterung wieder fröhlich zu „machen". Erwachsene können den Schmerz der Kinder häufig nicht mit ansehen, sie möchten ihn wegstreichen oder wegtrösten; oder sie appellieren an die „Vernunft" des Kindes. Äußerungen wie: „So schlimm ist es doch gar nicht", „Macht doch nichts", „Jetzt tut es nicht mehr weh", „Indianerherz kennt keinen Schmerz!" leugnen aber den Schmerz und erreichen das Gegenteil. So auch Jans Versuch: Anstatt dem Kind zu helfen, schafft er es, bei Timmi Schuldgefühle zu wecken, so dass er denken muss: „Ich bin nicht so, wie ich sein soll!"

Statt die Verstimmung zunächst einmal hinzunehmen und auszusprechen: „Du hast dir weh getan. Soll ich mal pusten?" weckt Jan zusätzlich Zorn und Abwehr, weil das Kind den Eindruck hat, dass ihm positive Gefühle aufgezwungen werden sollen, die es nicht hat, und ihm negative Gefühle verboten sind, die nun mal da sind. Das ist der Anfang eines Teufelskreises: Jeder Versuch Jans, das Kind fröhlich zu stimmen, treibt es noch weiter in seine Abwehrhaltung hinein und führt Jan seine „Unfähigkeit" vor Augen – was wiederum neue Maßnahmen und weitere negative Gefühle bei Timmi erzeugt.

Der „Ausweg" aus solchen Situationen ist häufig die Flucht, das Wegschicken des Kindes – oder die Schuld bei den Eltern zu suchen. Damit ist das eigentliche Problem aber nicht gelöst, denn in der nächsten belastenden Alltagssituation geraten alle Beteiligten wieder in dasselbe Spiel. So entstehen bei den Erwachsenen und beim Kind „gewohnheitsmäßige Erwartungen", die auch dann schon zu ernsten Belastungen im Alltag der Kita werden können, wenn die Kinder noch sehr klein sind. Wie wird Timmi wohl das nächste Mal reagieren, wenn er sich verletzt hat und Jan ihn dazu bringen will, nicht mehr zu weinen?

## 7.3 Pädagogik als Mittel der Verzweiflung

*Janina und Ella sind erschöpft, stolz und froh: Sie haben in den letzten Wochen mit viel Engagement den ganzen Gruppenraum umgestaltet und neue Schlafnischen für die Kinder geschaffen. So können sie endlich die alten klapprigen Gitterbetten entsorgen. Auch für Olu (1,8) und Stefan, (2,3) sind neue Schlafhöhlen in die Kletterlandschaft eingearbeitet worden, die der Zimmermann in den letzten Wochen im Gruppenraum gebaut hat. Sie sind stabil und laden zum Verstecken und Einkuscheln ein. Jetzt stehen alle davor. Stefan ist begeistert. Quieksend und jauchzend klettert er die Leitern rauf und runter, versteckt sich in seiner Schlafnische und wühlt sich in die Decke. Olu nähert sich nicht. Er lehnt sich an Janinas Bein, blass und steckt seine zwei „Tröster-Mittelfinger" in den Mund. Er guckt das neue Bett nicht an und strebt weg aus dem Gruppenraum.*

*Ellas und Janinas Freude und Stolz haben einen empfindlichen Dämpfer bekommen. Janina nimmt Olu auf den Arm, setzt ihn auf die Kissen, zeigt ihm die Leiter, versucht ihn zum Hineinklettern zu animieren. Er entwindet sich und läuft in die Garderobe, wo er sich auf den Fußboden fallen lässt – stumm, abgewandt, mit hängenden Mundwinkeln und vorgeschobener Unterlippe.*

*„Ich glaube", sagt Janina, „wir haben ihm sein Bett weggenommen. Lass uns ihn nicht drängen! Er wird sich mit der neuen Situation schon anfreunden!" „Quatsch!" schimpft Ella, „Niemand hat ihm etwas weggenommen. Das alte Bett war zu klein, er hat sich daran mal wehgetan. Er konnte sich doch kaum darin bewegen!" Ella will Olu ablenken. Sie holt neue Fingerfarben und große Papierbögen: Die schönen bunten matschigen Farben sollen ihm Spaß machen und ihn entspannen. Er schüttelt den Kopf, nuckelt und betrachtet die Staffelei geistesabwesend; seine Augenlider lässt er hängen.*

*Zweiter Versuch: Schokolade. Ella will ihn trösten, wie sie sich manchmal selbst tröstet. Seine Antwort ist lustloses Herumnuckeln an der Schokolade. Das zweite Stück lehnt er ab.*

*Abb. 29: Um den Schmerz nicht sehen zu müssen, bieten sich Ablenkungsmanöver an ...*

Dritter Versuch: mit Stefan zusammen Lotto spielen. Das Spiel ist neu und spannend für ihn, zu dritt macht es sicher Freude. Olu boxt Stefan, sieht die Karten nicht an, fummelt an der Gardine.

Ellas vierter, bereits von unterdrückter Wut begleiteter Versuch: Im warmen Wasser planschen, ausgedehnt baden. Stefan und andere Kinder wollen sofort mitmachen, Olu guckt verhalten zu. Die Sache lässt sich gut an, Ella atmet auf. Schock! Stefan gießt Olu Wasser auf die Brust, stört damit die eben gewonnene Ruhe. Jetzt endlich entlädt sich der ganze Kummer: Olu weint los, hilflos, jämmerlich. Jetzt endlich findet auch Ella einen Zugang zu ihm, kann seinen Schmerz spüren und seinen Verlust akzeptieren. Und jetzt erst lässt er sich von ihr trösten.

Ella trocknet ihn ab und sitzt nachher noch lange mit ihm auf dem Schoss. Dann holen sie zusammen das alte Bett und stellen es unter die Hochebene. Olu holt selbst seine Decke und seinen Teddy aus der neuen Schlafnische und richtet sich ein. In der nächsten Teamsupervision schildert Ella ihr Erlebnis mit Olu, verblüfft über ihre eigene ursprüngliche Reaktion.

Warum hatte Ella das Kind nicht eher verstehen können? Weil sie ihn als jemanden erlebte, der ihr heftiges Bemühen um sein Wohlergehen nicht registrierte und es erst recht nicht würdigte? Der sich stattdessen abschottete, Angebote und Geschenke ablehnte, sich schlaff und apathisch hängen ließ, anstatt aktiv die neuen Möglichkeiten zu nutzen wie die anderen Kinder?. Warum konnte Ella erst dann auf ihn hören, als er bitterlich weinte?

> „Was hat dich eigentlich an seinem Verhalten so genervt?" fragt Regina, die Supervisorin, später. „Dass er sich so hängen ließ, sich so verweigert hat – das hat mich geradezu böse gemacht" sinniert Ella. „Das kann ich noch heute an niemandem und am wenigsten an mir selbst ausstehen!"

> „Kennst du das von dir, als du noch klein warst – dieses Sichverweigern?" fragt Regina. „Na klar! Ich habe mich oft so schwach gefühlt. Ich wollte einfach nur in der Ecke sitzen und zugucken; aber Schlappmachen war bei uns verboten und die Devise hieß, ‚sich zusammenzureißen'. Denn rumhängen passte ja nicht zu dem Bild, das andere von uns haben sollten." Und dann fällt ihr ein: „Weinen war bei uns nur erlaubt, wenn wir von Außenstehenden angegriffen, provoziert oder verletzt wurden. Nur dann hat meine Mutter Mitleid mit uns gehabt!"

Sich fallen lassen, in die Defensive gehen – das waren Verhaltensweisen, die in Ellas Kindheit (in den 1950er- und den frühen 1960er-Jahren) nicht geduldet wurden; und Ella hatte gelernt, sie sich zu verbieten. Als sie diese Verhaltensweise bei dem kleinen Olu entdeckte, weckte das alte Erinnerungen, die sie bisher vor sich selbst verborgen hatte. Regina erklärt:

> „Wenn Kinder merken, dass sie bestimmte Gefühle nicht haben dürfen, stecken sie sie weg wie in eine Flasche, auf die ein Korken fest gepresst wird. Aber damit sind die Gefühle nicht wirklich weg. Sie rumoren in der Flasche wie der Geist im Märchen und drängen heraus. Und wenn so ein erwachsen gewordenes Kind erlebt, wie ein Kind das Verbotene hemmungslos auslebt, droht der Korken wegzuplatzen und alle verbotenen Gefühle zu befreien."

Weil Ella also Olus defensive Passivität nicht ertragen konnte, versuchte sie, ihn mit Ablenkungen zu „kurieren". Hätte sie dagegen seine Form der Trauer akzeptieren können, hätte sie vielleicht mit ihm trauern und sich die frustrierenden Ablenkungsmanöver und Umwege ersparen können.

## 7.4
## Frühkindliche Sexualität und kindliche Gefühle

Nicht nur Situationen, in denen es um starke negative Gefühle geht, lassen uns häufig an unsere Grenzen stoßen, sondern auch Situationen, in denen Tabus berührt werden. Dafür genügen schon ganz alltägliche Spielsituationen:

*Patrick, acht Monate alt, genießt stets in vollen Zügen die täglichen Minuten beim Wickeln (allein) mit Ella: Er wippt auf dem Bauch und kriecht bis zum Rand der Wickelkommode. Von dort aus guckt er sie von unten herauf lachend an: Ob sie jetzt auch die erwartete Angst zeigt, er könnte hinunterpurzeln? Sie soll ihn jetzt festhalten und kitzeln. Dann fordert er sie auf, das „Bu-, Buuu-, Buuuuuh-Spiel" mit ihm zu spielen. Sie soll unter immer lauter werdendem Gebrumm seinen Pulli vor sein Gesicht halten und dann mit lautem „Buu-Buuhh!" durchgucken. Das nächste, zum Ritual gehörende Spiel ist:*

*„Zwicke-zwacke-in die Backe",*
*zwicke-zwase-in die Nase,*
*zwicke-zwauch-in den Bauch ..." und so weiter.*

*Jeder Körperteil wird dabei benannt und sanft gezwickt; das löst bei Patrick offensichtlich Wohlbehagen, aber auch Neugier und Überraschung aus. Er treibt das Spiel voran, indem er ihr einen Körperteil nach dem anderen hinstreckt, immer den, der als nächster drankommen soll. Wie mag es wohl auf ihn wirken, dass Ella bei allen Spielen den Penis regelmäßig „vergisst"?*

*Sie hat hier das berechtigte Gefühl, der Spaß gehe „zu weit". Jedenfalls ist ihre Unbefangenheit bei diesem Körperteil plötzlich weg. Seine Aufforderungen zum Weiterspielen befolgt sie jetzt mit weniger gefühlsmäßigem Engagement. Sie zieht ihn schneller an, als sie es eigentlich wollte.*

Harnausgang, Genitalbereich und Anus liegen eng beieinander und werden in der Vorstellung der Kinder bis zum dritten Lebensjahr noch als zusammengehörig gesehen. Jedes Mädchen und jeder Junge erlebt vom frühesten Alter an beim Erkunden seines Körpers Lustempfinden. Wenn frühkindliche Erlebnisse mit dem eigenen Körper nicht durch Verbote, Pfui-Rufe oder rigide Einschränkungen bedacht werden, ist die Neugier bald befriedigt. Andernfalls speichert das kindliche Gehirn schon früh die Erfahrung: „Ein Teil von mir, der mich interessiert und sich gut anfühlt, ist negativ zu bewerten." Das ist eine Erinnerung, die sich in der Entwicklung des Körpergefühls noch lange bemerkbar machen wird.

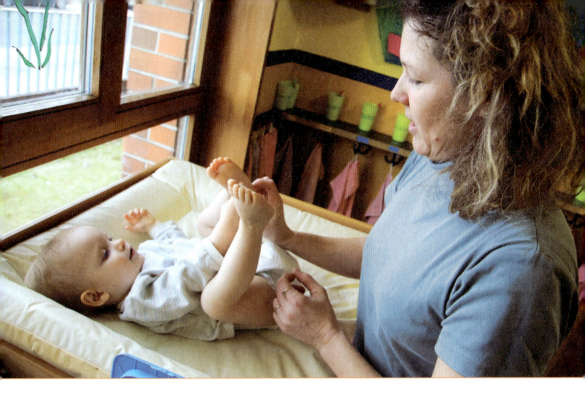

*Abb. 30: Körperspiele beim Wickeln*

Sehr zuwendungsbedürftige Kinder unterscheiden nicht zwischen Menschen, die „befugt" und solchen, die „nicht befugt" sind, sie auszuziehen. Das Empfinden für den ihnen gemäßen Sicherheitsabstand ist ihnen verloren gegangen. Sie wirken distanzlos und klammern sich an jeden, der sich ihnen freundlich nähert. Weil Aufmerksamkeit, Zärtlichkeit und Nähe lebenswichtig sind, ist es ihnen gleichgültig, woher sie sie bekommen – Hauptsache, sie sind spürbar.

Die U3-Gruppe und der Elementarbereich haben eine Schlüsselstellung in der Stärkung der Kinder gegen sexuelle Gewalt. Kinder lernen früh, zu unterscheiden, wer ihnen nahe kommen darf, wenn sie möglichst ausschließlich von ihren Bezugserwachsenen gewickelt und gepflegt werden (und nicht von vorübergehend in der Gruppe tätigen Personen, wie z. B. von Praktikantinnen oder Praktikanten).

Die Bezugserzieherin wird den Prozess des Sauberwerdens begleiten und die kindlichen Entwicklungsschritte regelmäßig mit den Eltern besprechen. Sie wird ein Kind nicht mehr im Liegen wickeln, wenn es bereits stehen oder gar gehen kann. Denn in Pflegesituationen verknüpfen sich täglich mehrmals folgende Empfindungen:

- Passiv auf dem Rücken zu liegen und liebevolle Zuwendung zu erhalten – das bedeutet, sich wohlzufühlen und gemocht zu werden.
- Aktiv sein: Stehend mit der Erzieherin auf Augenhöhe zu kommunizieren, mitzuhelfen beim An- und Ausziehen, Körperteile zu benennen, Nein zu sagen, wenn etwas nicht so läuft, wie ich es brauche – das bedeutet, sich wohlzufühlen und gemocht zu werden.

## 7.5
## Mit Ekel umgehen

Wir haben in den vergangenen Kapiteln an einzelnen Geschichten verfolgt, wie uns das Neugierverhalten der Kinder vor Probleme stellen kann bzw. wie befremdliche Erfahrungen den Kindern und uns Schwierigkeiten machen. Hier sollen nun einige Beispiele folgen, in denen sich Befremdliches deshalb ereignet und überhand nimmt, weil es den Erwachsenen so wichtig ist, mit den ihnen anvertrauten Kindern einen „guten Eindruck" zu machen. Sie wollen dabei ihre fachliche Kompetenz zeigen bzw. durch die Kinder nicht in ein schlechtes Licht gerückt werden.

In Janinas und Ellas Gruppe findet ein Eltern-Kinder-Nachmittag statt. Angeregt plaudern die Eltern mit den Erzieherinnen, trinken Kaffee und freuen sich über das gemütliche Beisammensein:

*Bevor das Programm beginnt, sagt Arne, zwei Jahre alt: „Ella, Nase!" Er hat Schnupfen; die Erwachsenen stehen doch ständig mit einem Taschentuch parat. Aber Arne ist schneller als Ellas Taschentuch: Breitbeinig stellt er sich hin, holt tief Luft und schnäuzt mit aller Kraft den Schleim hinaus, so dass der Schnodder sein Gesicht und die Kleidung verschmiert.*

*Sämtliche Anwesenden sind peinlich berührt. Sie senken ihre Blicke. Aus ihren Mienen entnehmen Arnes Eltern Empörung und Ekel, sie sind angewidert und sehen erstaunt aus. Die Stimmung ist auf dem Nullpunkt. Arnes Eltern packen schuldbewusst ihr Kind und schaffen es schnell nachhause. Ella sagt: „So etwas macht er sonst nicht!"*

Warum benahm sich Arne so auffällig? Die einfachste Erklärung wäre, dass er auf diese Weise ohne Umwege seinen Schnodder loswurde sowie Nasenjucken und Luftmangel damit beseitigte. Arnes Verhalten kann aber auch eine provokative Selbstdarstellung gewesen sein: „Ich bin auch noch da! Ihr sollt mich nicht übersehen!" „So stark bin ich! Wie ein Drache kann ich schnauben! (Und euch so in Verlegenheit bringen.)" Hat er gespürt, dass er am Eltern-Kinder-Nachmittag eine weniger wichtige Rolle für Ella spielte als sonst? Hat er gemerkt, dass er in den Gesprächen der Erwachsenen nicht vorkam? Niemand nahm Kontakt zu ihm auf, niemand beschäftigte sich mit ihm. Diese Unhöflichkeit beantwortete er mit einer noch „gröberen" Unhöflichkeit.

Eine andere Frage stellt sich auch noch: Warum konnten Arnes Eltern und Ella den anderen Eltern nicht mit Humor die Situation erklären, Arne gelassen abwischen und ihm das Gefühl geben, dass sie zu ihm stehen? Sie konnten es nicht, weil ihnen wichtig war, einen „guten Eindruck" zu machen. So ein Elternabend ist für Erzieherinnen, Väter und Mütter ein wichtiges Ereignis. Alle können sich an einem solchen Abend ein Bild von

## Mit Ekel umgehen

den anderen machen. Auch die Erzieherinnen sind dann der Meinung, dass hier die Kinder zeigen sollen, was sie in der Kita gelernt haben.

Wenn sich das eigene Kind als nicht „wohlerzogen" erweist, fühlen sich viele Eltern als Erziehungsinstanz bloßgestellt – und dieses Gefühl ist schwer zu ertragen. Ein „guter Eindruck" ist dadurch nicht mehr möglich. Den Eltern bleibt, so gesehen, nichts anderes übrig, als das Kind – und somit ihre „Blöße" – zu „entfernen". Zum Glück können Eltern aber durchaus auch souverän mit unangenehmen Situationen umgehen, so wie die Mutter im nächsten Beispiel:

*Auf dem Spielplatz beobachtete unsere Freundin Birgit, wie ein Kind von etwa drei Jahren in der Sonne sitzend, versonnen und ausdauernd in der Nase bohrte und seine Popel in den Mund steckte. „Popelfresser, Popelfresser!" riefen die älteren Kinder, woraufhin die Mutter auf das Tun ihres Sohnes aufmerksam wurde. Sie ging ruhig, aber bestimmt zu ihm, nahm seine Hand und erklärte: „Das mag ich nicht, bitte tu das nicht, wenn ich dabei bin!" Und zu Birgit gewandt fügte sie hinzu: „Ich finde das eklig. Zu diesem Gefühl stehe ich auch."*

Abb. 31: Mit Schleim und Rotz umzugehen, gehört zum Alltagsleben der Erzieherinnen

Diese Mutter zeigt, dass man auch anders auf die „Beschäftigung" der Kinder mit ihren Sekreten reagieren kann: offen und um sachliche Deutlichkeit bemüht – im Gegenteil zu Arnes Eltern, die unterschwellig verlegen, durcheinander und verschämt reagierten und handelten.

Die Auseinandersetzung mit den „Körpersäften", besonders mit den „schleimigen", ist in unserer Gesellschaft tabuisiert. Blut, Eiter, Schleim werden von vielen als hochgradig unästhetisch oder widerlich empfunden. Sie erinnern an Tod, Verwesung und Krankheit und lösen bei vielen Menschen Abwehr aus. Ebenso wie Tod, Krankheit und Vergänglichkeit klammern wir auch Schleim, Rotze, Speichel oder Ausfluss aus unserem „gesunden" Leben aus. Wir können es nicht ertragen, wenn sich ein „naives" Kind, welches die Eltern nicht „unter Kontrolle haben", lustvoll mit diesen Dingen beschäftigt. Es gilt, sämtliche Sekrete möglichst unsichtbar zu halten, schnell zu beseitigen und nicht über sie zu sprechen.

Wenn ein Kind nun irgendwelche „Körpersäfte" auch noch während eines Festes, beim Genuss von Kaffee und Kuchen präsentiert, erregt das besonderes Aufsehen und verstärkte Ekelgefühle. Ein nicht ausgesprochenes „Oberstes Gesetz" für Eltern ist, ihren Kindern möglichst rasch deren diskrete „Beseitigung" beizubringen. Wenn ihnen das nicht gelingt, wird dies meistens als gravierender Mangel in der Erziehung empfunden und mit sozialer Ablehnung bestraft.

Immer mehr Menschen schaffen es aber inzwischen (besonders Mütter und Erzieherinnen), den Mut zu finden, gegenüber einer Umwelt, die solche „Gesetze" diktiert, die Rechte der Kinder auf eigene Entwicklung zu verteidigen. Ihr Mut kann gar nicht hoch genug geschätzt werden. Oft stecken dahinter auch mühsame und schmerzhafte Lernprozesse, wie sie in folgender Geschichte zum Ausdruck kommen.

## 7.6
## „Kindermund tut Wahrheit kund"

Die Erzieherin Ella, die selbst einen zweijährigen Sohn hat, erzählt, wie ihre Mutter zum ersten Mal nach der Geburt des Kindes zu Besuch kam:

> „Sie hatte geschrieben, dass sie ihren inzwischen einjährigen Enkel ‚zu besichtigen wünsche'. David merkt an den Vorbereitungen, die ich treffe, dass etwas in der Luft liegt. Ich bin kribbelig vor Spannung: Ich will mein gesundes, fantasievolles, ausgeglichenes und fröhliches Kind vorführen – und ich merke, dass das eine Show ist. Natürlich läuft alles ganz anders als erwartet:

*Als meine Mutter David laut begrüßt, ihn überschwänglich auf den Arm nehmen will, weicht er zurück, presst die Lippen zusammen, er blickt zur Seite und versteckt den Kopf an meiner Schulter. Er steckt die Faust in den Mund. Mit dem mitgebrachten Stoffhäschen in Berührung zu kommen, vermeidet er. Er wehrt alles ab. Weder mit ihr, noch mit uns, noch allein spielt er, solange sie in der Nähe ist. Er quengelt, will sich nicht von ihr füttern lassen, will am Kaffeetisch nicht mal auf meinem Schoß sitzen, er will raus.*

*Meine Mutter ist verletzt und ärgerlich. Sie findet ihn verwöhnt und wählerisch und wirft mir vor, dass ich ihm dies alles ‚durchgehen' lasse. Ich habe den Eindruck, wie als Kind ‚etwas ausgefressen', eine Aufgabe nicht zufrieden stellend erledigt zu haben. Gleichzeitig bin ich auf David wütend, weil er, so kommt es mir vor, mich mit seinem Verhalten bloßstellt. In meiner Hilflosigkeit demonstriere ich ein ‚perfektes Erzieherverhalten', indem ich David bewusst an nichts hindere. Jede seiner Verweigerungen kommentiere ich vortragsmäßig mit Erkenntnissen moderner Pädagogik.*

*Als mein Sohn und ich beim Zubettgehen in seinem Zimmer allein sind, fängt er endlich an, sich wieder ungezwungen zu verhalten und mich, wie jeden Abend zum Mitspielen aufzufordern. Aber jetzt will ich nicht mitspielen. Meine Enttäuschung, meine Wut auf ihn haben mich steif gemacht. Ich nehme Rache, indem ich ihn mechanisch ausziehe und ins Bett packe. Singen fällt mir heute sehr schwer. Ganz anders als sonst ertönt aus seinem Zimmer kein Mucks mehr, als er uns im Nebenzimmer sprechen hört.*

Erst nach und nach begriff Ella also, was geschehen war: Sie hatte sich wohl ein bisschen zu sehr gewünscht, dass ihre Mutter David akzeptierte.

„*Indem sie ihn gut fand, würde sie auch mich gut finden, dachte ich – sie, die so oft an mir etwas auszusetzen gehabt hatte. Sie sollte David so gut finden, wie er war – und damit endlich auch mich so akzeptieren, wie ich war.*"

Aber wie es meist bei so dringenden Wünschen der Fall ist, bringen wir sie selbst zu Fall durch den Druck, mit dem wir sie verfolgen. Vermutlich hatte Ella, als die Mutter kam, David mit ihrer ängstlichen Spannung längst angesteckt, so dass er nicht mehr fähig war, die für ihn fremde ältere Frau freundlich zu begrüßen.

„*Als er sich so allen meinen Erwartungen entgegengesetzt verhielt, konnte ich nicht mehr zu ihm stehen: Ich fühlte mich wieder als abhängiges Kind, konnte mich mit meiner Mutter nicht offen auseinandersetzen. Meine Wut, die ihr galt, richtete sich stumm gegen David. Ich war unfähig, auf sein Erleben, auf seinen Widerstand angemessen zu reagieren. Und ich verbarg meine Wut dahinter, dass ich ihn als Show- und Demonstrationsobjekt benutzte, um meiner Mutter zu zei-*

gen, wie man mit Kindern umzugehen habe. Er diente mir als Waffe im versteckten Kampf mit meiner Mutter."

Nachdem Ella in jahrelangen Gruppengesprächen dahinter gekommen war, welche Funktion David damals in der Auseinandersetzung mit der Mutter hatte, gelingt es ihr heute, ähnliches Verhalten bei anderen Eltern wahrzunehmen und ihnen hilfreich zur Seite zu stehen.

## 7.7
## Den Sicherheitsabstand wahren

Wie sehr wir die Kinder – und uns – mit unseren Erwartungen in bestimmten sozialen Situationen belasten können, zeigt auch die folgende Geschichte von Eva. Hier kann man sehen, wie Kinder wieder zu problemlosem Verhalten zurückgelangen können, wenn es ihnen gelungen ist, eine bedrückende Spannung loszuwerden. Evas Mutter erzählt:

*„Eva ist zweieinhalb. Wir fahren mit den Kindern auf den Bauernhof zu unseren Verwandten. Als wir ankommen, steigt Eva aus und sieht unsere Verwandtschaft auf uns zukommen. Sie lässt sofort ihren Kopf hängen, guckt verängstigt schräg seitlich hervor, verschränkt ihre Arme auf dem Rücken und denkt nicht daran, die Tanten oder Oma und Opa zu begrüßen. Ich merke, wie ich zornig werde, aber umso mehr versteckt sich Eva hinter meinen Beinen. ‚Na, willst du denn mal zu Oma kommen?' fragt Oma erwartungsvoll strahlend. Eva macht keine Anstalten, zu ihr zu gehen.*

*Da nimmt Oma das Kind hoch; Eva schmiegt sich aber nicht an, sondern ist steif wie ein Stück Holz. Sprachlos starrt sie die Fremden an, kein ‚Guten Tag' ist ihr zu entlocken. Eine Weile geht es hin und her. Keiner weiß so recht, was tun. Zögern. Auf einmal merke ich, dass Eva zum Reden ansetzt; da platzt sie auch schon heraus: ‚Oma, du stinkst nach Schweine!' Ich bin entsetzt. Wo Oma sich doch extra so fein angezogen hat! Zum Glück nimmt Oma es humorvoll, sie ist aber dennoch verlegen; und sie wirkt enttäuscht von dieser Begrüßung.*

*Ganz anders läuft das bei Onkel Ali. Er sitzt auf einem Kinderstuhl in der Wohnstube im Bauernhaus; er erwartet nichts, er sagt nichts. Er strahlt Eva nur an. Zu ihm geht sie spontan, setzt sich auf seinen Schoß, bleibt dort lange und zufrieden sitzen und erzählt. Alle wundern sich über Eva. Warum bloß mag sie Onkel Ali so besonders?"*

Zunächst einmal ist an dieser Geschichte zu sehen, wie wichtig für Kinder das langsame „Angewöhnen" in neuen Situationen ist. Die Erwachsenen haben nicht daran gedacht, dass besonders Kinder einen „Sicherheitsabstand" gewahrt haben wollen, den sie erst dann verringern können, wenn sie mit den fremden Menschen ein wenig warm geworden sind. Onkel Ali dachte daran und wurde dafür von Eva herzlich begrüßt und angenommen.

Die Reihenfolge, in der erwachsene Menschen gewöhnlich miteinander Kontakt aufnehmen, ist folgende: Zuerst über den Blick, dann über die Sprache, schließlich über die Berührung der Hände und, bei großer Vertrautheit, indem sie sich in den Arm nehmen. Diese Reihenfolge halten viele Erwachsene gegenüber kleinen Kindern nicht ein; sie drehen die Reihenfolge um, anstatt abzuwarten, bis das Kind freiwillig auf sie zukommt. Dies geschieht, weil Kinder (wie im ersten Kapitel erläutert) von vielen als schwach und unreif, als nicht vollwertig angesehen werden. „Kindheit wird als Durchgangsstadium gesehen, als Vorstufe des ‚richtigen' Menschentums ...", sagte Ekkehard von Braunmühl (1993, 15).

Für diese Verhaltensweise der Erwachsenen gibt es aber noch einen weiteren Grund. Kleine Kinder eignen sich hervorragend, um die positiven, freundlichen, liebevollen Anteile des eigenen, erwachsenen Selbst darzustellen. Aussagekräftig ist diesbezüglich z. B. die Geste des Auf-den-Arm-Nehmens: Das tun gerne Politiker, um damit zu zeigen, dass sie sich auch für die Belange der Schwachen einsetzen; aber auch eine Oma möchte vielleicht dadurch ihre großmütterliche „Qualifikation" zeigen.

Erwachsene fühlen sich außerdem durch das Kindchen-Schema (in Körperbau, Mimik und Gestik der Kinder) dazu verführt, sich zu holen, was sie vermissen: ein Stück Zärtlichkeit, Wärme, Körperkontakt. Indem sie den Anschein erwecken, selbst dem Kind etwas zu geben (durch eine Umarmung oder einen Kuss), benutzen sie es letzten Endes für ihre Zwecke.

In der U3-Gruppe ist es deshalb ein besonders wichtiger Teil der eigenen Selbst-Fürsorge, die eigenen emotionalen Bedürfnisse außerhalb der Kita zu stillen, etwa in der kollegialen Supervision, in einer Selbsthilfegruppe, in einer Einzelberatung. Erwachsene, die diese Möglichkeiten nicht haben, müssen ihre Sehnsucht nach Nähe an den Kindern ausleben. In Evas Beispiel ist die Grenzverletzung durch die Großmutter, die sich nicht an das Begrüßungsritual hält, nur der eine Aspekt von Evas Begrüßungsproblem. Auch die Mutter hat schließlich von Eva verlangt, eine „anständige Begrüßung" vorzunehmen, um dadurch die Eltern „würdig" zu repräsentieren. Die durch die ungeduldige Erwartung ihrer Mutter vermittelte Spannung hatte Eva auf den Bauernhof mitgebracht. Diese wurde durch Großmutters überfröhliche Begrüßung noch um einiges gesteigert.

## 7.8
## Mit Belastungen konstruktiv umgehen

Der aufmerksamen Wahrnehmung des Kleinstkindes entgeht nichts im Hinblick auf die tägliche Befindlichkeit der betreuenden Erwachsenen. Es entsteht nämlich eine besonders enge wechselseitige Beziehung zwischen Kindern und Erzieherinnen. Je entspannter, achtsamer und authentischer der Erwachsene sich dabei verhält, desto mehr Entwicklungschancen hat ein Kind.

### Die „Selbst-Fürsorge"

Dass Kleinstkinder kontinuierliche Zuwendung und Versorgung durch möglichst wenige zuverlässige Betreuer brauchen (um eine sichere Beziehung aufzubauen und sich geborgen zu fühlen), haben wir bisher an vielen Stellen deutlich gemacht. Die Fürsorge für das einzelne Kind ist aber aufs Engste verknüpft mit der Eigenfürsorge der Erwachsenen und mit der Strukturqualität in der Kita (das sind die personelle Ausstattung, die Zeitplanung sowie das Raum- und Materialangebot – also die Arbeitsbedingungen).

Jeder stimmt zu, wenn es in den Medien heißt, dass es besser ist, in Gesundheit zu investieren als für Krankheit zu bezahlen. Dieser Logik gemäß müsste in allen Bundesländern die Selbstfürsorgepflicht für Betreuer in den Bildungsplänen für Kindertageseinrichtungen fest verankert sein; tatsächlich gilt dies bisher nur für wenige Länder in Deutschland.

Im Fortbildungsprogramm einiger Hamburger Kindertagesstätten sind diesbezüglich verschiedene Möglichkeiten für die pädagogischen Mitarbeiterinnen und Mitarbeiter fest verankert: In Kursen während und außerhalb der Arbeitszeit wird ihnen vermittelt, wie jeder und jede individuell und im Team lernen kann, für sich selbst besser zu sorgen:

So bietet zum Beispiel eine in Kinder- und Jugendpsychiatrie erfahrene Ärztin – mit der Zusatzqualifikation zur Feldenkraislehrerin und Supervisorin – Seminare an zu den Themen „Heben, Tragen und Bücken im Arbeitsalltag". Hier kann jede Erzieherin lernen, bewusster ihre Bewegungen wahrzunehmen, um über Selbsterfahrung ihre Selbstheilungskräfte anzuregen. Es geht in diesen Wochenendkursen nicht um das Erlernen standardisierter Abläufe oder um Kritik von außen, sondern um das individuelle Herausfinden besserer Möglichkeiten zur Bewältigung des Arbeitsalltags für sich selbst. Jeder Mensch möchte sich gerne leichter, effizienter, fließender und ohne Schmerzen bewegen können. Unsere Handlungen spiegeln unser Selbstbild und unsere Beziehung zur Umwelt, und wenn sich Bewegungsmuster ändern, ändert sich auch

Abb. 32: Im Kollegium entlastende Erfahrungen machen

unser Selbst. Durch die Schulung der Sinne für die Eigenwahrnehmung werden wir nicht nur feinfühliger für uns selbst, sondern auch gegenüber den Kindern. Das achtsame individuelle Gesehenwerden tut ihnen gut und stärkt die Bindung zu den Erwachsenen in der Kita. Und wir finden somit eher das, was uns hilft, die Art und Weise unseres Tuns zu verändern.

Die Berichte und Erzählungen der Teilnehmerinnen und Teilnehmer in diesen Seminaren machen deren hohe Belastung in der täglichen pädagogischen Arbeit deutlich. Für viele sind die einzigen ruhigen Minuten im Tagesablauf oft die, die sie auf der Toilette verbringen. Ein hoher Krankheitsstand und späteres Burnout sind bei einer solchen Tageslaufgestaltung vorprogrammiert. Es fällt auch auf, dass im Kita-Bereich häufig übergewichtige Frauen arbeiten. Und Übergewicht ist nicht nur ein gesundheitliches Risiko, es bedeutet auch eine erhebliche Bewegungseinschränkung und eine Zusatzbelastung. Der spürbare Leidensdruck wiederum wirkt sich negativ auf die Möglichkeit aus, schnell zu reagieren und schränkt somit Bewegungsfreiräume und die Sicherheit der Kinder ein.

Sozialpädagogische und ergotherapeutische Fortbildungen zum „Handling" des Alltags erleichtern insbesondere den täglichen Umgang mit Kindern – auch mit Kindern mit Entwicklungseinschränkungen. Volkshochschulen bieten Kurse zur Stressbewältigung, Supervision und zum Coaching an; sie finden sowohl als Inhouse-Fortbildungen als auch auswärts, für Teilnehmende aus unterschiedlichen Einrichtungen statt. Alle bieten sie praxisorientierte Anregungen zur Persönlichkeitsentfaltung für Erzieherinnen, Erzieher, Eltern und Kinder und haben zum Ziel, die psychisch-physische Gesundheit der Erwachsenen zu stärken. Denn je seltener diese krankheitsbedingt ausfallen, desto weniger Ersatzkräfte werden gebraucht. Das wirkt sich nicht nur auf das Klima der Einrichtung sowie auf das Wachstum von Beziehungen und Bindungen aus, es hat auch handfeste ideelle und finanzielle Vorteile.

Betreuerfluktuation ist Stress für Kinder, und gestresste, überforderte, innerlich nicht präsente Betreuer werden zum gefährlichen Dauerstress für Kleinstkinder. Diese Erkenntnis ist nicht neu und muss in der Qualitätssicherung der Kita-Arbeit in den Fokus genommen und von den Arbeitgebern im Qualitätsmanagement stärker berücksichtigt werden. In gleicher Weise sollte jede Mitarbeiterin Möglichkeiten der Selbstfürsorge erlernen und Chancen der kräfteschonenden Arbeit nutzen. Dass Bewegung die Voraussetzung geistiger Entwicklung ist (und beide einander bedingen und fördern), macht neue Impulse in der Fürsorgepflicht für Mitarbeiterinnen dringend erforderlich. Auch können jüngere Fachkräfte von erfahrenen Betreuern lernen – wie auch umgekehrt frisch Ausgebildete Neues mitbringen.

Jeder weiß: Die Erfahrungen und Bedingungen der ersten drei Lebensjahre sind die Basis für die seelische, körperliche und intellektuelle Stabilität und Wachstumsmöglichkeit – auch des Nervensystems. Aus der Neurobiologie wissen wir, dass nur Bahnungen in den Hirnstrukturen, die sich in den ersten beiden Lebensjahren und bis zum sechsten Lebensjahr bilden und verästeln, sich später auch weiter ausdifferenzieren. Der Titel aus einem 1980 gedrehten Film von Friedemann Schulz v. Thun: „Was Hänschen nicht lernt, bringt Hans auf die Couch" wird heute Schritt für Schritt vollständig bewiesen, denn das Nervensystems funktioniert nach dem Motto: „use it or lose it". Und wie im ersten Kapitel besprochen: Empathiefähigkeit und das psychosoziale Potenzial eines Kindes können sich nur in einem stabilen verlässlichen Rahmen von Familie und Kita förderlich entwickeln. Das friedliche Miteinander im kleinen und großen Rahmen muss von Anfang an gelernt werden.

> ▶ Interessant ist, dass im medizinischen Bereich ein Umdenken in Bezug auf die Diagnosen ADS und ADHS stattgefunden hat: In den neuesten Fachartikeln wird dargelegt, dass die Wurzeln der sprunghaft ansteigenden Aufmerksamkeitsstörungen und Hyperaktivität von Kindern nicht mehr allein in organisch bedingten Störungen der sensorischen Integration gesehen werden, sondern primär in den folgenden drei Faktoren:
> 
> - unsichere Bindung
> - Reizüberflutung und ungesteuerter Medienkonsum
> - Überforderung

## *Was sagt meine Kollegin dazu?*

Zum Schluss dieses Kapitels steht eine Anekdote, die zeigt, wie uns die qualvolle Frage: „Was mögen unsere Kolleginnen und Kollegen, die Leitung und der Träger von uns als Fachkräfte denken?" bis in den Gruppenraum und ins Privatleben hinein verfolgt – selbst wenn wir die Tür geschlossen haben.

*Ella hat beobachtet, wie die zweijährige Katja ab und zu ganz fürchterlich den Teddy verhauen hat. Dabei schimpfte das Kind: „Du böser Teddy, du warst nicht artig. Du kriegst jetzt den Po voll!" Als Ella das beobachtete, begann ihre Fantasie zu wandern. Sie stellte sich vor, dass jemand in ihrer Gruppe hospitierte und Katja auf diese Art und Weise mit dem Teddy umginge. Was würde der Besuch denken? Würde er bei Ella einen rigiden Erziehungsstil vermuten? Mangelnde Konfliktfähigkeit als negatives Vorbild für die Kinder?*

*Wie Katja mit irgendwo angesammelten Aggressionen umgeht, indem sie es den Teddy büßen lässt, wird schließlich zu einem ernsthaften Problem für Ella. Sie sucht Rat bei Barbara, ihrer Leiterin: „Ich weiß gar nicht, woher das kommt. Janina und ich regeln unsere Meinungsverschiedenheiten niemals mit solchem Gebrüll. Und bei uns wird nicht mal ein Kuscheltier verhauen. Ich glaube, ihre Eltern schlagen sie auch nicht. Wir wissen einfach nicht, warum Katja das tut. Stellen Sie sich bloß vor, wir haben Besuch, und Katja verhaut ihren Teddy dermaßen. Was sollen die denn von uns denken!?"*

Wie in einem Bilderbuch zeigt sich hier der Zusammenhang von Ängsten der Erziehenden, von ihren Selbstdarstellungswünschen und dem kindlichen Verhalten. Ja, qualvoll verfolgen uns oft solche Fantasien, was andere von uns halten oder denken mögen. Da hilft es uns nicht, wenn uns versichert wird, dass das Verhalten des Kindes unproblematisch ist und wir nicht verantwortlich sind. Damit ist der zwanghafte Gedanke „Was denken die anderen?" nicht aus der Welt. Eine solche Abhängigkeit von der Meinung der anderen zu überwinden, hat mindestens zur Voraussetzung, dass wir sie anerkennen und als real akzeptieren. Vielleicht kann es helfen, wenn man sich bei unerwünschtem Verhalten eines Kindes einfach nur fragt: „Wie finde ich das? Was sagt das Kind über das, was es da tut?"

Solche Fragen sind Krücken, klitzekleine Hilfen, um weiterzukommen. Das Entscheidende ist letztlich, mit ein wenig Mut in kleinen Experimenten auszuprobieren, was passiert, wenn man in begründeten Fällen ein wenig gegen die Meinung der Fachkolleginnen und -kollegen verstößt.

# 8.
# Eltern unterstützen

| 8.1 | Wenn das Essen zum Problem wird | 117 |
| 8.2 | Schlafprobleme | 124 |

## 8.1
## Wenn das Essen zum Problem wird

Mathias (1,6) ist seit einiger Zeit in der U3-Gruppe. Seine Mutter Doris ist Steuerberaterin; sie hat (schmerzvoll) auf ihre Praxis verzichten müssen, als sie für Mathias keine passende Tagespflegestelle fand. Nun kann sie wieder in den Beruf einsteigen, weil sie ihren Sohn in der Kita gut aufgehoben weiß. Manfred, ihr Mann, arbeitet bis spät abends außer Haus und ist auch am Wochenende mit Arbeit eingedeckt. Er erwartet von ihr, als Entschädigung für seine berufliche Überlastung, „ein warmes Nest" – und vermisst es. Ella kennt Doris privat. Sie hat zuerst gezögert, Mathias aufzunehmen, weil sie Schwierigkeiten befürchtete. Die sind jetzt eingetreten. Sie ranken sich sämtlich um das Thema „Essen":

*„Seit ich Doris kenne, bewundere ich ihre schlanke Linie. Gleichzeitig stört es mich bei jedem Essen mit ihr, wie sie lustlos in den Speisen herumstochert.*

*Neulich habe ich versprochen, mal abends auf den Kleinen aufzupassen, damit die beiden ausgehen können. Als ich kam, saßen sie mit ihm noch beim Abendbrot. Die Atmosphäre war gespannt. Mathias saß mit hochgezogenen Schultern und abwehrenden Händen vor einem in Würfelchen geschnittenen Wurstbrot; beide Eltern saßen daneben und sahen gequält aus. Doris, blass, wütend und mühsam beherrscht, platzte heraus: ‚Immer kümmere ich mich andauernd um ihn, es fehlt ihm an nichts. Aber er macht ständig Mätzchen beim Essen. Er wird mir noch krank!' Und zu Mathias gewandt: ‚Nun iss doch mal einen Gang schneller, wir wollen los! Kau nicht hundertmal auf einem Bissen, schluck doch runter! Ich sitze so lange neben dir, bis der Teller leer ist.' Das klang wie eine Drohung.*

*Ich kann das kaum mit anhören, beschwichtige: ‚Ach, lass ihn mal einen Augenblick in Ruhe!' Während wir uns über das seit seiner Geburt vorhandene Essproblem des Jungen unterhalten, nimmt dieser mit spitzen Fingern ein Stückchen Brot, schiebt es sich zwischen die zusammengepressten Lippen und kaut es offensichtlich angewidert vorn mit den Schneidezähnen.*

*Für die meisten Eltern ‚unserer Kinder' in der Kita ist es kein Problem, wenn ihr Kind bestimmte Speisen ablehnt, den Teller nicht leer isst oder mal ganz streikt. Doris und Manfred dagegen sind wegen der Essprobleme von Mathias außerordentlich besorgt. Ich frage Doris nach ihren eigenen Kindheitserfahrungen mit dem Essen. Doris rückt nur ungern damit heraus: Sie habe als Kind selbst das Essen immer als Muss und Quälerei empfunden. Ihre Mutter habe sie stets gezwungen, alles aufzuessen. Ihre Erfahrungen als Kind haben dazu geführt, dass sie bis heute nie Appetit habe oder Essen genießen könne."*

Einen Zusammenhang zwischen ihren eigenen Essproblemen und Mathias' Verhalten kann Doris aber nicht erkennen; den mag sie nicht wahrhaben. Solange ihr aber das nicht klar wird, kann Mathias' Essproblem nicht wirklich gelöst werden. Doris wirkt zwangsläufig als negatives Vorbild für ihren Sohn.

Wie wir bereits mehrfach gesehen haben, ahmen kleine Kinder in den ersten Lebensjahren alles, aber auch alles nach, was die Eltern vorleben. Dies können sie nur, weil sie außerordentlich deutlich spüren, wie ihre Eltern in bestimmten Situationen empfinden und reagieren. So werden kleine Kinder leicht zum Spiegel des elterlichen (Fehl-)Verhaltens, was bei den Erwachsenen nicht selten mit Ärger und Abwehr aufgenommen wird. Aus Angst, dass Mathias die gleichen Essprobleme bekommen könnte wie sie, versucht Doris mit den gleichen Mitteln wie ihre Mutter damals ihr Kind zum Essen zu bewegen.

Hier wird deutlich, wie wir in Krisensituationen dazu neigen, auf bereits Erlebtes aus der eigenen Kindheit zurückzugreifen. Dabei laufen Eltern Gefahr, Verhaltensstörungen über Generationen weiterzugeben. Urteile wie: „Das steckt wohl bei denen in der

*Abb. 33: In jeder Gruppe gibt es Kinder, für die das gemeinsame Essen kein Vergnügen ist. Wenigstens das Auffüllen macht Freude ...*

Familie!" führen dann absurderweise zu der Annahme, das Fehlverhalten sei wohl angeboren. Auf diese Weise wird aber die Lerngeschichte eines Verhaltens über Generationen nicht zurückverfolgt.

Um ihrem Sohn den Ernst der Lage klarzumachen, droht Doris täglich damit, dass er krank werden wird, wenn er nicht isst. Angesichts solcher Prophezeiung begibt sich der Junge mehr und mehr in die Rolle des Patienten. Sein blasses Aussehen ruft in der Mutter erneut Besorgnis hervor, so dass sich alle Beteiligten immer mehr im Kreise bewegen: Er isst nicht, sie glaubt durch Druck helfen zu können, er leistet Widerstand (wird dünner), sie verkrampft sich noch mehr und übt noch mehr Druck aus. Für ihn wird auf diese Weise der Widerstand zur entscheidenden Frage des Ich-Werdens und des Selbstseins.

Die Familientherapie geht lange schon von der Erkenntnis aus, dass Verhaltensauffälligkeiten bei Kindern aus der Familiensituation verstanden werden müssen. In vielen Familien oder vergleichbaren Lebensgemeinschaften gibt es unerkannte, beiseite geschobene, geleugnete Probleme. Geleugnet werden sie oft deshalb, weil es als bedrohlich für den Bestand der Familie erlebt wird, wenn die Konflikte zutage treten. So gesehen ist es dann beinahe eine Entlastung aller in der Familie, wenn ein Familienmitglied – meist ein Kind – problematisch oder verhaltensauffällig wird. Die Aufmerksamkeit konzentriert sich dann auf die „Erziehungsschwierigkeiten", z.B. auf die Essprobleme des Kindes. Alle weiteren, eigentlichen Probleme (in der Partnerschaft oder in der Rollenverteilung der Eltern) bleiben zunächst im Dunkeln.

Dass Mathias sich das Essen als Problemfeld „ausgesucht" hat, hängt offensichtlich mit dem Konflikt der Mutter auf diesem Gebiet zusammen. Es ist wenig aussichtsreich, Mathias' Essensverweigerung isoliert zu behandeln (etwa durch den Kinderarzt), solange zugrunde liegende Störungen (in der Beziehung der Eltern oder in der Geschichte der Mutter) nicht gleichzeitig angegangen werden. Oft verschwinden diese sogenannten „Verhaltensstörungen" von Kindern ganz von allein, wenn die anderen Familienmitglieder ihre Probleme lösen oder wenn die Kinder auch noch andere Bezugspersonen bekommen.

## *Fläschchen und Schnuller als Beschwichtigung*

Auch das scheinbar zufriedenstellende Essen und Trinken der Kinder kann, genau wie die Essensverweigerung, zu einem Problem werden. Eltern erzählen bei einem Elternabend:

> „Das Einzige, was unsere Julia beruhigt, ist ihr Fläschchen. Wir haben deshalb viele Flaschen bereitstehen – mit Milch, mit Saft oder mit Kindertee (den sie besonders gern trinkt, weil er so schön süß ist). Ich habe Austauschsauger und Fla-

*schen immer griffbereit. Damit sie abends gut einschläft, bekommt sie als Gutenacht-Trunk Milch mit Honig. Bevor ich ins Bett gehe, stelle ich ihr die Saftflasche für morgens in Reichweite, dann lässt sie uns noch etwas länger schlafen.*

*Ich bin mir jetzt aber unsicher. Ich höre dauernd, dass der gesüßte Kindertee so ungesund für die Zähne sein soll. Der Kinderarzt hat mir neulich gesagt: ‚Sie erziehen das Kind zum Trinker!' Jetzt weiß ich nicht mehr, was ich machen soll, um das abzustellen. Julia kann nicht mehr ohne Flasche auskommen!"*

„Bei uns lief das auch so", ergänzt Frau K. verschämt. „Mit Tobias kann ich, obwohl er zweieinhalb Jahre alt ist, nirgendwo hingehen, ohne die Saftflasche in der Tasche zu haben. Kinder brauchen doch so viel Flüssigkeit!"

Die Teeflasche ist oft tatsächlich das Mittel, das bei Unzufriedenheit am schnellsten hilft – wenn die Kinder Zuwendung brauchen, wir selbst sie aber gerade nicht trösten können. Die Empfehlung vieler Gesundheitsratgeber, dass Kinder sehr viel Flüssigkeit brauchen, bestärkt die Eltern darin, den Kindern bei jeder Unpässlichkeit etwas zum Trinken anzubieten.

Für Eltern, Erzieherinnen oder Erzieher, die im Umgang mit dem Kind unsicher sind, die Schuldgefühle dem Kind gegenüber haben (vielleicht weil sie wenig Zeit für das Kind erübrigen konnten oder weil sie gerade wütend und ärgerlich waren), ist jede Form von Unzufriedenheit beim Kind ein Hinweis auf die eigene „Unzulänglichkeit". Das macht Angst. Angst aber hat Einfluss auf das Wahrnehmen und auf das Denken: Sie verzerrt die Wahrnehmung und blockiert Denkvorgänge. So können Eltern die wahren Bedürfnisse ihres Kindes nur noch verzerrt wahrnehmen. Sie interpretieren unter Umständen jeden Mangelzustand ihres Kindes als „Durst" und eilen mit der Teeflasche herbei, um Abhilfe zu schaffen.

Es ist eine Weisheit der alten Großmütter (auch Freud hielt das für zutreffend), dass Saugen ein zentrales Bedürfnis des kleinen Kindes ist. Schon ab dem vierten Monat nuckelt der Fötus an den Fingern und findet dabei auch seinen Daumen. Später findet ein Kind durch Saugen an der Brust oder am „Schnuffeltuch" bzw. beim Fingerlutschen Trost und Befriedigung. Schmerz und Einsamkeit treten dann vorübergehend in den Hintergrund oder verschwinden ganz. Das Kind kann sich alleine beruhigen – welch ein Potenzial! Wenn aber auch das kindliche Bedürfnis nach menschlicher Nähe ausschließlich über Essen und Trinken befriedigt wird, lernt das Kind, Einsamkeit, Schmerz, Traurigkeit und Spannung jeder Art mit Essen und Trinken zu kompensieren.

Aus der allgemeinen Unsicherheit, die das Schreien des Kindes bei manchen Eltern immer wieder hervorruft, kann sich bei ihnen allmählich die deprimierende Selbsteinschätzung entwickeln: „Meine Fähigkeiten reichen nicht aus, um das Kind zufrieden zu stellen. Ich tauge wohl nicht als Bezugsperson oder Mutter." Statt das Kind auf den

*Abb. 34: Was ist das Leben ohne meinen Schnuller?!*

Arm zu nehmen und in Ruhe nach den Ursachen seiner Verstimmung zu forschen, setzen diese Eltern dann in ihrer Not auf die kurzfristig beruhigende Wirkung der Teeflasche. Diese nimmt ihnen aber die Chance, das Kind selbst zu trösten und mit Mitteln zu befriedigen, die ihnen zur Verfügung stehen: streicheln, das Kind ihren beruhigenden Herzschlag hören lassen (auf dem Arm), es zärtlich ansprechen, ihm Dinge zeigen. Sie verpassen somit durch die Teeflasche eigene Erfolgserlebnisse, die ihnen wiederum Sicherheit und Vertrauen in die eigenen Fähigkeiten hätten vermitteln können. Selbstvertrauen und die Zuversicht, dass (im Großen und Ganzen) schon alles richtig laufen werde, sind aber wichtige Voraussetzungen dafür, dass Erwachsene dem Kind das Gefühl von Sicherheit und Geborgenheit vermitteln können. Der Preis für dieses beruhigende Grundgefühl ist die Zeit, die man sich nehmen muss.

## Essen als psychosoziales Lernfeld

Den meisten Erwachsenen ist klar, dass das gemeinsame Essen ein wichtiger sozialer Moment im Tagesablauf ist – und dass die Art, wie das geschieht, Einfluss auf die psychische Verfassung und auf die Persönlichkeitsentwicklung der Kinder hat. Sie lassen deshalb den Kindern möglichst viel Eigenständigkeit und genügend Zeit für die Mahlzeiten – auch in der Kita, obwohl das oft schwierig ist. Der durch die Arbeitsbedingungen entstehende Zeitdruck lässt hier ein bedürfnisorientiertes Vorgehen oft einfach nicht zu. Lilian, 38 Jahre alt, seit zwei Jahren in einer altersgemischten Gruppe mit Kin-

*Abb. 35: Gemeinsames Essen als Experimentierfeld*

dern von einem halben Jahr bis drei Jahren tätig, berichtet von ihrem mühsamen Lernprozess in Sachen Ernährung:

> „Als ich die Gruppe übernahm, war das ganze Kapitel ‚Essen' ein rotes Tuch für mich. Wir hatten in der Kinderpflegeschule mit keinem Wort etwas darüber gehört, wie man mit Kleinstkindern den Essensvorgang optimal gestaltet. Meine Erfahrungen hatte ich nur aus den Schulpraktika, und da habe ich die ‚Abfütterei' als monotonen Horror erlebt: Die Kinder wurden auf den Schoß genommen, ein Arm wurde eingeklemmt, der andere festgehalten (damit sie nicht mit dem Löffel herumschmieren konnten), und dann ging es los: einen vollen Löffel ‚reinschieben', wieder voll machen, wieder rein – bis der Teller leer war. Eher wurde nicht aufgehört. Und dabei musste ich oft noch die ganze Babygruppe im Auge behalten, was schlimm war, weil oft alle sieben Babys gleichzeitig vor Hunger schrien und wir nur eine Hand zum Füttern hatten. Das Schlimme war auch: Ich wusste aus dem Psychologie-Unterricht, dass Babys Spaß am Schmieren und Matschen haben. (Aber mir selber ist jede Art von Schmiererei zuwider. Putzerei hasse ich! Außerdem habe ich von zuhause ganz schön strenge Essmanieren mitbekommen.)
>
> Na, kurz und gut, zuerst habe ich alles so gemacht, wie ich es bisher gesehen hatte: Die Kinder kriegten die kleinen Lätzchen umgebunden, auf den Tisch gelegt und den Teller draufgestellt. So mussten die Kinder still sitzen, wenn sie sich nicht

*alles auf den Schoß kippen wollten. Als das das erste Mal bei Janine passierte, tat sie mir so leid, sie hatte sich so furchtbar erschrocken. Da haben wir angefangen, diese ‚Esserei' zu verändern:*

*Zuerst haben wir Riesenlätzchen aus alter Bettwäsche genäht. Dann haben wir aufgehört, die Kinder so lange sitzen zu lassen, bis alle fertig waren. Die Kinder durften sich auch das Essen selbst auffüllen, wenn sie wollten. Den meisten macht das Spaß, einige finden es aber immer noch gut, wenn ich ihnen den Teller gefüllt gebe. Das brauchen sie wohl noch. Was ich dabei nun toll finde, ist, dass die Kinder nicht so unbeteiligt vor sich hinmuffeln, sondern sich gegenseitig beobachten, sich mal was wegnehmen, sich was geben.*

*Sie vergleichen auch: wer schon vollere Löffel auffüllen kann, wer was lieber isst. Und sie zeigen auch deutlich, dass sie beim Essen was lernen Wir sprechen nämlich mit ihnen darüber, ob das Essen süß, sauer oder salzig schmeckt, ob es fest oder flüssig ist; und auch Gerüche können sie schon gut unterscheiden.*

*Die meisten helfen mir auch beim Abpellen von Bananen und beim Austeilen der Kekse. Oft helfen auch die Älteren den Jüngeren. Ich kann geradezu verfolgen, wie die Kinder geschickter und selbständiger werden, und sie nehmen mir durch ihre wachsende Selbständigkeit allerhand ab – schaffen mir natürlich im gleichen Moment aber auch neue Arbeit ... Ich kann also nicht sagen, dass ich weniger oder mehr Arbeit hätte als früher, aber die Arbeit ist ganz anders, irgendwie überraschender, und ich bin mit mehr Freude dabei. Ich bin abends hundemüde, aber auch zufriedener als früher, nicht mehr so zerschlagen."*

## 8.2
## Schlafprobleme

Beim Elternabend diskutieren die Anwesenden über ein Thema, das ihnen zuhause immer wieder Sorgen macht; ein Thema, welches auch die Verständigung mit ihren Kindern erschwert: Sie wollen wissen, wie das Ausruhen und das Schlafen in der Kita gelingen und ob sich die Probleme, die sie damit zuhause haben, hier fortsetzen. Zu Beginn erzählen alle über die Gewohnheiten der Kinder zuhause. Fast die Hälfte der Eltern berichtet über abendliche Einschlafprobleme. Dabei fällt Brigitte ein, dass ihre Tochter Nina viel zurückhaltender in ihren Forderungen war als der jüngere Sohn Nico:

*„Zum Beispiel dieses nächtliche Kommen: Nina hat es einmal versucht, als sie zwei Jahre alt war. Da stand sie mit ihrem Teddy plötzlich in der Tür und hat ganz leise gefragt, ob sie reinkommen könnte in unser Bett. Da hat sie einmal tüchtig Bescheid gekriegt. Und dann hat sie es nie wieder versucht. Mir dreht sich jetzt*

*noch der Magen um, wenn ich daran denke! Sie holt sich heute noch nachts ihre Zuwendung, aber anders: Sie hat Durst, ihre Bettdecke ist dauernd verrutscht, irgendwas ist vor dem Fenster. Aber sie sagt nie, was sie wirklich von mir will.*

*Nico ist da ganz anders. Er fängt jede Nacht um zwei an zu rufen, dann stehe ich auf, hole ihn in mein Bett, lege den Arm um ihn, und er schläft sofort. Das ist mir natürlich zu eng, und wir haben schon versucht, sein Bett in unser Zimmer zu stellen – umsonst. Er schreit wie eine Feuerwehrsirene, und alles kuscht. Aber ich weiß dann auch, woran ich bin.*

*Bei Nina weiß ich das nie so genau. Ich glaube, die hat, weil sie still und zart ist, nie gelernt, wirklich zu sagen, was sie will. Und wir waren damals, als sie noch so klein wie Nico war, auch oft so viel mit uns selbst beschäftigt, dass wir gar nicht gemerkt haben, wenn sie wirklich mal etwas wollte; geschweige denn, dass wir darauf eingehen konnten. Damit haben wir ihr, glaube ich, gleich von vornherein das Wasser abgegraben. Und sie hat sich das immer gefallen lassen, hat nie geschrien oder gestrampelt, sondern sich in eine Ecke verkrümelt. Und wir sind wieder zu unseren eigenen Problemen übergegangen."*

*Joachim, Vater von Axel und Marc, ist ebenfalls unzufrieden: „Meine Kinder kommen nachts auch an, aber nicht, weil ihnen etwas fehlt oder weil sie schlecht träumen, sondern weil sie einfach spielen wollen. Jede Nacht ist es das Gleiche, es ist fast wie Folter. Wir sind müde und abgearbeitet vom Tag, und sie sind nach einigen Stunden Schlaf munter und unternehmungslustig. Nachts um zwei geht es meist los, sie wachen auf und wollen spielen – aber nicht alleine, sondern mit beiden Eltern! Es lohnt sich gar nicht mehr, ins Bett zu gehen! Wie lange wir das wohl noch aushalten?"*

*„Kann es sein, dass deine Kinder einfach noch nicht müde genug sind, wenn sie abends ins Bett kommen?" fragt jemand.*

*„Ja, das ist möglich. Sie brauchen jeden Tag einen langen Mittagsschlaf."*

## *Was beim Einschlafen hilft*

Wenn Kinder nicht schlafen gehen wollen, ist es wichtig, herauszufinden, was sie beunruhigt und möglicherweise ängstigt. Ab dem zweiten Jahr, wenn Kinder anfangen, ihre Erfahrungen in Vorstellungen und Fantasien umzuwandeln, entwickeln sie oft Ängste oder Besorgnisse, zu deren Verarbeitung sie ihre Eltern brauchen. Damit das Durchschlafen nicht gestört wird, sollte der abendliche Erfahrungsaustausch für Kinder ab zwei Jahren im gewohnten Einschlafritual seinen festen Platz haben. Ein Nachtlicht wirkt ebenfalls angstmindernd.

Auch zuhause brauchen Kinder einen festen Schlafplatz und Routine als Unterstützung beim Ein- und Durchschlafen. Dennoch: Ab etwa achtzehn Monaten, wenn Vorstellungen und Erinnerungen das Kind beschäftigen, wird ein Kind immer wieder die Nähe der Eltern aufsuchen wollen. Da ist eine Matratze neben dem Elternbett hilfreich: Wenn das Kind deren Nähe braucht, legt es sich einfach dort hin und alle schlafen weiter. Janina meint dazu:

> „Wenn Theo nachmittags zwei Stunden schläft, ist er vor neun Uhr abends nicht müde. Früher gab es oft Geschrei, wenn wir ihn zu früh zu Bett brachten. Auch wenn wir ihn zu spät auszogen, wenn er schon todmüde war, hatten wir Schwierigkeiten mit ihm. Jetzt machen wir es so: Wir machen ihn bettfertig mit Wollsocken und Wolljacke drüber und lassen ihn so lange spielen, bis er sichtbar müde wird. Das merken wir daran, dass er weinerlich wird, weil ihm nichts mehr so recht beim Spielen gelingen will – oder er legt sich auf den Boden und nuckelt. Das Abschiednehmen erleichtern wir ihm dadurch, dass wir ihn fragen: ‚Willst du noch etwas mitnehmen?' Dann gibt es einen nahtlosen Übergang zum Vorlesen, Vorsingen, Schlafen."

Viele Verständigungsprobleme mit Kindern drehen sich um das Zubettbringen und um das nächtliche Durchschlafen. Kinder verarbeiten die Erlebnisse des Tages im Traum weiter, was verständlicherweise oft mit negativen Gefühlen (wie z.B. Angst) verbunden ist. Der weit verbreiteten Auffassung, dass Kinder vom ersten Lebenstag an in einem eigenen Zimmer, getrennt von den Eltern schlafen lernen müssten, steht das Urbedürfnis des Kindes nach Sicherheit und Geborgenheit entgegen. Diese Geborgenheit findet es besonders in der körperlichen Nähe zu den Eltern bzw. in direkter Fühlung mit ihnen. Deshalb sollte niemand versuchen, allgemeingültige Richtlinien für das Schlafen der Kinder zu suchen; man sollte gemeinsam mit seinem Kind versuchen, herauszufinden, bei welcher Regelung sich das Kind und die Eltern am wohlsten fühlen. Das kann mühsam sein, es lohnt sich aber sehr: Jeder, der es probiert, kann viele Erkenntnisse über das Kind und über die eigenen Bedürfnisse gewinnen. Manchmal endet es eben auch im „Familienbett".

Dass das Schlafen in der U3-Gruppe zu den am wenigsten „heißen Eisen" gehört, beruhigt manche Eltern. Sie kennen es aus ihrer eigenen Kindheit noch anders. Dazu berichtet Ninas und Nicos' Mutter:

> „Ich war als Baby in der Krippe und wurde mit drei Jahren in den Kindergarten ‚verschoben' – so hieß das damals! Bei uns sahen sie den Mittagsschlaf als ‚Möglichkeit zur Verhinderung von Infektionskrankheiten durch Zufuhr frischer Luft', bei jedem Wetter.

*Sie machten es so: Damit die Babys in der frischen Luft ungefährdet schlafen (nicht aufstehen und sich bewegen) konnten, wurden sie in etwa ein Meter hohe ‚Segeltuch-Krippen' gelegt und samt ihrer Federdecke, Wolldecke und Oberbekleidung mit einer Windel ‚fixiert'. Eine Mitarbeiterin musste ‚Schlafwache' halten, so dass alle anderen ‚Pause' hatten (in der sie Stoffwindeln legen und Babywäsche ausbessern mussten). Die Kinder schliefen unter diesen Bedingungen ziemlich rasch ein.*

*Ich habe an mir selbst gemerkt, wie sich diese Form von ‚Gesundheitsprophylaxe' später auswirkt, wenn man Entspannung sucht. Ich habe auch früh gelernt, Zwang und Einengung hinzunehmen und jeglichen Widerstand aufzugeben, gar nicht erst zu versuchen, die Situation zu ändern. Und versehentlich habe ich die Methode auch auf Nina übertragen! Ohne dass mir das bewusst wurde! Und die hat auch nicht rebelliert – anders als Nico.*

Wohltuend hebt sich dagegen die Lösung ab, die Janina und Ella für „ihre" Gruppe gefunden haben: In einem schummrigen Schlafzimmer ist an einer Wand eine zweite Ebene eingezogen, auf der viele kleine Liegen ohne Füße nebeneinander stehen. Man sieht daran, dass jedes Kind „sein" Bett hat, dass es viele unterschiedlich bezogene Kindersteppdecken gibt und dass hier jedes Kind sein Kuscheltier auf seinem eigenen Schlafplatz hat.

*„Die Schlafplätze sucht sich jedes Kind zu Beginn der Eingewöhnungsphase aus: zusammen mit seiner Bindungsperson von zuhause, also mit Papa oder Mama – wenn irgend möglich. So weiß das Kind von Anfang an: ‚Hier ist mein Platz, hier kann ich entspannen, hier ist es behaglich.'*

*In unserem Schlafraum können jederzeit Kinder nach ihrem individuellen Rhythmus schlafen. Wenn man bedenkt, dass manche Kinder schon um sechs Uhr gebracht werden, andere erst gegen neun Uhr, wäre es unmöglich, alle Kinder diesbezüglich über einen Kamm zu scheren. Ich finde es auch toll, wie sie sich vor dem Einschlafen – jedes auf seine Weise – zurechtwühlen, ausstrecken, nach allen Richtungen drehen, bis sie ihre Schlafposition gefunden haben.*

*Zum Schlafen holen sich die Kinder ihren Schnuller. Einschlafzeremonien sind bei uns aus Zeitmangel schlecht möglich. Wir nehmen uns aber Zeit dafür, da zu sein und ‚Ruhe auszustrahlen'. Wir nehmen einzelne Kinder auf den Schoß oder auf den Arm vor dem Zubettgehen und beruhigen und streicheln sie, wenn sie noch ängstlich und unruhig sind. Wir können uns auch erlauben, dass eine von uns in der Hauptschlafenszeit immer ‚mitschläft' – das heißt, sich dazulegt, ein wenig entspannt und die ‚Antennen' für die Kinder noch ausgefahren hat. Durch ihre beruhigende Gegenwart überträgt sie Entspannung auf die Kinder und ruht sich*

# Schlafprobleme

Abb. 36: Hier ist mein Schlafplatz

Abb. 37: Kinder zeigen, dass sie müde sind und brauchen sofort ihr Schläfchen

*auch selber dabei aus. Ausgeruhte Betreuer sind das A und O in unserer Arbeit, und das können wir so auch den Eltern vermitteln."*

Als Reaktion auf den Elternabend haben Janina und Ella einen großen, farbigen Wand-Plan aufgehängt. Sie hatten beim Elternabend mit Dias und Berichten über das Schlafverhalten der einzelnen Kinder informiert. Um in diesem Punkt mehr Übereinstimmung der Gewohnheiten von zuhause und aus der Kita herzustellen, wurde beschlossen, über einen Monat hinweg alle wichtigen Daten deutlich sichtbar zu notieren:

- den Zeitpunkt des Kommens
- Zeitpunkt der Abholung
- Schlafzeit
- besondere Vorkommnisse
- das Verhalten beim Spielen und Essen

Dieser Plan hat sich dann als willkommener Gesprächsanlass und als konkrete Hilfe bei Einschlafproblemen entpuppt.

Für die Eltern ist es (in diesem Zusammenhang) beim Abholen der Kinder wichtig, zu wissen: Die meisten Kinder brauchen Zeit, um nach dem Schlafen wieder wach zu werden; sie sollten nicht sofort aus dem Bett genommen werden, es reicht, wenn sie wissen, dass die Eltern da sind.

Damit den Kindern das Erlernen von Tag- und Nachtrhythmus erleichtert wird, sollte auch im Elternhaus eine klare Unterscheidung zwischen der Aktivität des Tages und der Ruhe der Nacht gemacht werden. So nimmt die Verwirrung der Kinder ab. Folgender Plan kann dabei helfen:

- Wenn das Baby aus der Kita kommt, braucht es für zwei bis drei Stunden die Teilhabe an Familienaktivitäten und am gemeinsamen Abendbrot, auch wenn es müde ist. Das Zubettgehen sollte regelmäßig eingeleitet werden – mit einem möglichst gleich bleibenden Ritual: Waschen, Wickeln, Hinlegen, Singen (o. Ä.). Ab dem sechsten Monat sollte Vorlesen, täglich zur gleichen Zeit und auf dieselbe Art und Weise, Sicherheit geben und entspannen – liebevoll und konsequent.
- Ein Schlafsack wärmt durchgehend, auch wenn das Baby nachts die Decke wegstrampelt oder sich herumrollt. Ein gleicher Schlafsack sollte für die Kita gekauft werden.
- Eltern sollten rechtzeitig ein oder mehrere „Übergangsobjekte" vorbereiten, die das Kind in der ersten Zeit täglich von zuhause mit in die Kita nimmt und sie wieder zurückbringt. Diese „Übergangsobjekte" können auf zweierlei Weise wirken: in der Stabilisierung von Sicherheit und im Aufbau von Symbolverständnis. Dabei kann es sich um Gegenstände handeln wie Kuscheltücher, Bettzipfel oder Schmu-

setiere, aber auch um bestimmte Materialien, die Kinder immer bei sich haben wollen. „Übergangsobjekte" sind „Objekte, die mit einem Stück guter innerer Erfahrung ‚aufgeladen' sind" (Schäfer 1995, 120) – und meistens nach „Mama" oder nach „zuhause" riechen.

- Im Gespräch mit den Eltern (während der Eingewöhnungsphase) erfahren die Erzieherinnen und Erzieher, welche Einschlafgewohnheiten die Kinder haben und auf welche Art sie sich geborgen fühlen können: mit dem vertrauten Teddy, mit bestimmten Liedchen oder Versen bzw. durch welche Art von liebevollem Körperkontakt. Auch Abneigungen werden notiert, ebenso besondere Einschlafrituale.
- Essen, toben und spielen sollten nicht zum gewohnten Ablauf vor dem Schlafengehen gehören. Erstens sind sie aktivitätsbetont und nicht entspannend. Zweitens erwartet das Kind zur Beruhigung den gleichen Ablauf, wenn es nachts aufwacht. Das gilt auch besonders für „Betthupferl" oder für das abendliche Beruhigungs-Tee-Fläschchen: Wenn ein Kind sich daran gewöhnt hat, kann es zum Einschlafen nicht mehr darauf verzichten.
- Am Abend sollten alle zur Ruhe kommen. Fernsehen und laute Musik sollten deswegen unterbleiben; sie regen nicht nur kleine Kinder stark auf.
- Waschen, Zähneputzen und aufs Töpfchen gehen sollten, regelmäßig und von kurzer Dauer, zur gleichen Zeit stattfinden – ohne Stress oder Druck. So schaltet der Körper automatisch auf „Ruhe".
- Kinder, die morgens früh aufwachen, beschäftigen sich für eine Weile allein, wenn sie ein Lieblingsspielzeug oder ein Bilderbuch vorfinden.

# Schlusswort

Heute Vormittag erwartet Jeremy (2,1) seinen Freund Sascha zurück. Sascha war einige Tage nicht da, er hat mit seinen Eltern Urlaub gemacht. Ella geht mit Jeremy zur Eingangstür, um auf Sascha zu warten. Sie erzählt Folgendes:

> *Im Garten kommt Sascha uns schon entgegen. Jeremy fasst mich fest an der Hand. Dann löst er sich von mir, hopst demonstrativ herum und wird ganz albern: Er kräht, prustet, tanzt wie Rumpelstilzchen – aber er geht nicht auf Sascha zu, um ihn zu begrüßen! Stattdessen stellt er sich neben die Hauswand und macht Arm- und Beinbewegungen, als wolle er die steile Hauswand hochkrabbeln. Dabei quasselt er Unverständliches vor sich hin.*

Abb. 38: Schön, dass du wieder da bist! Komm, ich zeige dir was ...

## Schlusswort

*Einen Augenblick lang beschleicht mich das unbehagliche Gefühl: „Ist er verrückt geworden?" Sascha, seine Mutter und ich stehen völlig ratlos daneben und sehen zu, wie Jeremy seine Vorstellung gibt. Um die peinliche Situation etwas aufzulockern sage ich: ‚Der Jeremy freut sich so sehr auf dich, Sascha, dass er ganz aus dem Häuschen ist.'*

*Und dann überlege ich: Jeremys Verhalten könnte tatsächlich aus einer Verlegenheit kommen, weil er in der Wiedersehens-Situation mit seinem Freund sich widersprechende Gefühle erlebt: Einerseits Verunsicherung, weil Sascha so lange nicht da war und er neuen Kontakt zu ihm aufbauen muss, andererseits (und zugleich) starke Freude.*

*Sein Verhalten kann aber auch mit einer ‚Geschichte' zu tun haben, von der wir Erwachsenen nichts wissen; mit einer Erinnerung an einen Streit zwischen beiden zum Beispiel – und manches mehr. Wir Erwachsenen sind zuerst peinlich berührt über solch ein ‚verrücktes Benehmen'. Und ich merke: Wenn ich ‚dem Gespenst einen Namen gebe', wenn ich mir also erkläre, dass Freude die Ursache für Jeremys Verhalten ist, nimmt es mir die Angst, die die Irrationalität seines Verhaltens in mir ausgelöst hat. Und damit kann ich Jeremy vermitteln: ‚Auch, wenn du ein bisschen verrückt spielst, du bist trotzdem o.k.'*

*Kurz danach spielen die beiden – alles ist gut.*

*Wir fühlen uns alle wieder wohl.*

*Und darauf kommt es an. Und auf nichts weiter."*

# Literatur

Affolter, Félicie D.: Wahrnehmung, Wirklichkeit und Sprache. Neckar-Verlag, Villingen-Schweningen 1991

Ahnert, Lieselotte: Frühe Bindung: Entstehung und Entwicklung. Ernst Reinhardt Verlag, München 2004

Ainsworth, Mary D.: The Development of Infant-Mother-Attachment. University of Chicago Press, Chicago 1973

Andres, Beate/Hédervári, Éva/Laewen, Hans-Joachim: Die ersten Tage – ein Modell zur Eingewöhnung in Krippe und Tagespflege. Cornelsen Verlag Scriptor, Berlin 2003

Ayres, Jean: Bausteine der kindlichen Entwicklung. Springer, Berlin 1984

Bauer, Joachim: Warum ich fühle, was du fühlst. Intuitive Kommunikation und das Geheimnis der Spiegelneurone. Heyne, München 2005

Bodenburg, Inga/Grimm, Gunhild: So werden Kinder sauber. Schwierigkeiten und Erfolge. Rowohlt, Reinbeck 2005

Bodenburg, Inga/Grimm, Gunhild: Was will das Kind denn bloß? Kleine Kinder verstehen und ihnen mehr Erfahrungen ermöglichen. Rowohlt, Reinbek 1983

Bodenburg, Inga/Grimm, Gunhild: Zusammenleben mit Kleinstkindern. Anregungen für die Arbeit in Krippen und Krabbelstuben. FIPP, Berlin 1986

Bodenburg, Inga/Kollmann, Irmgard: Frühpädagogik. Arbeiten mit Kindern von 0 bis 3 Jahren. Bildungsverlag EINS, Köln 2009

Bodenburg, Inga/Kollmann, Irmgard: Frühpädagogik. Arbeiten mit Kindern von 0 bis 3 Jahren. Arbeitsheft. Bildungsverlag EINS, Köln 2010

Bodenburg, Inga/Stoltenberg, Ute: Erfahrung durch Bewegung. FIPP, Berlin 1993

Bopp, Annette/Krohmer, Birgit: Der Baby-Guide fürs erste Jahr. Pflege, Entwicklung, Gesundheit, Alltag. Kösel, München 2010

Bowlby, John: Bindung. Eine Analyse der Mutter-Kind-Beziehung. Kindler, München 1975

Braunmühl von, Ekkehard: Zeit für Kinder. Fischer, Frankfurt am Main 1993

Bundesministerium für Familie, Senioren, Frauen und Jugend: Ausbau und Qualität der Kinderbetreuung. Gleiche Bildungschancen für alle Kinder von Anfang an. 2. Auflage, April 2009

Deutsche Liga für das Kind: Gute Qualität in Krippe und Kindertagespflege. Eckpunktepapier. Berlin 2008. E-Mail: post@liga-kind.de

Deutsches Jugendinstitut (Hrsg.): Quantität braucht Qualität. Agenda für den qualitativ orientierten Ausbau der Kindertagesbetreuung für unter Dreijährige. München 2009

Dieken van, Christel: Was Krippenkinder brauchen. Bildung, Erziehung und Betreuung von unter Dreijährigen. Herder, Freiburg 2008

Dieken van, Christel/Effe, Bärbel/Metzler, Brigitte: Kinderkunstwerkstatt. Ein Handbuch zur ästhetischen Bildung von Kindern unter drei Jahren. Verlag das Netz, Kiliansroda 2010

Diestbier, Akkela: Kinder, Kunst und Kompetenzen. Kreatives Gestalten in der Sozialpädagogik. Handwerk und Technik, Hamburg 2010

Gerber, Magda: Dein Baby zeigt Dir den Weg. Arbor Verlag, Freiamt 2007

Gerber, Magda/Johnson, Allison: Ein guter Start ins Leben. Ein Leitfaden für die erste Zeit mit ihrem Baby. Arbor Verlag, Freiamt 2002

Gogate, Lakshmi/Bahrick, Lorraine/Watson, Jilayne: A Study of Multimodal Mootherese. Child Development 4, 878–894. Malden, Massachusetts 2000

Gonzales-Mena, Janet/Widmeyer Eyer, Dianne: Säuglinge, Kleinkinder und ihre Betreuung und Pflege. Ein Curriculum für respektvolle Pflege und Erziehung. Arbeitsbuch zum Curriculum. Arbor Verlag, Freiamt 2008 (Bezug über den Verein „Mit Kindern wachsen e.V.", www.mit-kindern-wachsen.de/buecher.html)

Gopnik, Alison/Kuhl, Patricia/Meltzoff, Andrew: Forschergeist in Windeln. Wie Ihr Kind die Welt begreift. Hugendubel, München 2000

Hoerner-Nitsch von, Cornelia: Das Schmusebuch. Rowohlt, Reinbek 1990

Hüther, Gerald: Bedienungsanleitung für ein menschliches Gehirn. Vandenhoeck & Ruprecht, Göttingen 2006

Infans: Die ersten Tage in der Krippe. Beispiele für eine kürzere und eine längere Eingewöhnungszeit. Film. Übergang Krippe I und II. Dokumentation zweier Eingewöhnungsverläufe in einer Krippe nach dem Infans-Modell. Video VHS oder DVD. 73 und 45 Min. Berlin, infans e. v

Juul, Jesper: Was Familien trägt. Werte in Erziehung und Partnerschaft. Ein Orientierungsbuch. Kösel, München 2006

Keller, Heidi (Hrsg.): Handbuch der Kleinkindforschung. Hans Huber Verlag, Bern 2003

Küll, Marianne: Die Geburt ist nicht der Anfang. Klett-Cotta, Stuttgart 1990

Largo, Remo H.: Babyjahre. Die frühkindliche Entwicklung aus biologischer Sicht. Piper, München 2010

Leu, Hans Rudolf et al.: Bildungs- und Lerngeschichten. Bildungsprozesse in früher Kindheit beobachten, dokumentieren und unterstützen. Verlag das Netz, Kiliansroda 2007

Martino, Bernard: Lóczy, wo kleine Menschen groß werden. Video, VHS. 170 Min. Association Pikler Lóczy, Paris 2000

Mienert, Malte: Übergänge in der Kita gestalten. www.ent-paed-psy.uni-bremen.de

Oehling, Lydia: Nähe zulassen. Ein Dokumentarfilm über die frühe Förderung der Eltern-Kind-Bindung und die Bedeutung einer sicheren Bindung für die Entwicklung des Kindes. 55 Min. Stiftung für Wissenschaft und Kunst. SWK 2006 (betr. SAFE-Programm – nähere Informationen über: www.naehe-zulassen.de; Bestellung über: info@naehe-zulassen.de)

Pauen, Sabina: Was Babys denken. Eine Geschichte des ersten Lebensjahres. Beck, München 2006

Pauen, Sabina/Träuble, Birgit: Die neue Sicht auf das Baby. Erkenntnisse der Säuglingsforschung revolutionieren unser Verständnis des frühen Lernens. Zeitschrift Frühe Kindheit 3/2008

Pikler, Emmi: Lasst mir Zeit. Die selbständige Bewegungsentwicklung des Kindes bis zum freien Gehen. Pflaum Verlag, München 1988

Pikler, Emmi et al.: Miteinander vertraut werden. Wie wir mit Babies und kleinen Kindern gut umgehen – ein Ratgeber für junge Eltern. Herder, Freiburg 1997

Remsperger, Regina: Feinfühligkeit im Umgang mit Kindern. Herder, Freiburg 2008

Rijt van de, Hetty/Plooij, Frans X.: Oje, ich wachse! Von den acht „Sprüngen" in der mentalen Entwicklung Ihres Kindes während der ersten 14 Monate und wie Sie damit umgehen können. Goldmann, München 2005

Schäfer, Gerd E. (Hrsg.): Bildung beginnt mit der Geburt. Förderung von Bildungsprozessen in den ersten sechs Lebensjahren. Beltz, Weinheim 2003

Schmeer, Gisela: Das sinnliche Kind. Klett-Cotta, Stuttgart 1975

Schneider, Kornelia: Von der Anstalt zum Bezugsraum. Wie vor 35 Jahren die Pädagogik Einzug in den Krippen-Raum hielt. In: KiTa spezial 4/2008, 25–33

Sichtermann, Barbara: Vorsicht Kind. Eine Arbeitsplatzbeschreibung für Mütter, Väter und andere. Wagenbach, Berlin 2002

Siegler, Robert/DeLoache, Judy/Eisenberg, Nancy: Entwicklungspsychologie im Kindes- und Jugendalter. Spektrum Akademischer Verlag, München 2005

Simonis, Christoph: Mut zur Wildnis. Naturnahe Gestaltung von Außenflächen an Kindergärten, von öffentlichen Spielflächen und Schulhöfen. Luchterhand, Berlin 2001

Sommer, Brigitte: Kinder mit erhobenem Kopf. Kindergärten und Kinderkrippen in Reggio Emilia. Luchterhand, Berlin 1999

Stern, Daniel N.: Tagebuch eines Babys. Was ein Kind sieht, spürt, fühlt und denkt. Piper, München 2007

Stern, Daniel, N.: Die Lebenserfahrungen des Säuglings. Klett-Cotta, Stuttgart 2007

Süss, Gerhard/Burat-Hiemer, Edith: Erziehung in Krippe, Kindergarten, Kinderzimmer. Klett-Cotta, Stuttgart 2009

Tardos, Anna/Appell, Geneviève: Aufmerksames Miteinander – Der Säugling und der Erwachsene beim Baden. Video, VHS, 27 Min. Mit Textheft. Pikler Gesellschaft, Budapest 1992, 2002

Tardos, Anna/Appell, Geneviève: Die Aufmerksamkeit des Säuglings während des Spiels. Video, VHS, 27 Min. Mit Textheft. Pikler Gesellschaft, Budapest 1990, 2002

Tardos, Anna/Szántó, Ágnes: Sich frei bewegen. Video, VHS, 24 Min. Mit Textheft. Pikler Gesellschaft, Budapest 1996

Viernickel, Susanne: Spiel, Streit, Gemeinsamkeit. Einblicke in die soziale Kinderwelt der Zweijährigen. Verlag Empirische Pädagogik, Landau 2000

Winner, Anna: Kleinkinder ergreifen das Wort. Sprachförderung mit Kindern von 0 bis 4 Jahren. Cornelsen Scriptor, Berlin 2007

Zimmer, Renate: Handbuch der Sinneswahrnehmung. Grundlagen einer ganzheitlichen Bildung und Erziehung. Herder, Freiburg 2005

# Bildnachweise

Bildagentur fotolia.com: S. 47: © fotofrank; S. 50: © sterneleben; S. 56: © Nicole Effinger; S. 113: © contrastwerkstatt

Edith Burat-Hiemer: S. 37 (Abb. 9), 70

Julian van Dieken: S. 20, 22, 27, 30, 33, 37 (Abb. 10), 38, 44, 60, 62, 68, 76, 78, 82, 87, 97, 105, 107, 116, 127, 130

Harald Marxen: S. 10, 31, 35, 41, 54, 67, 73, 81, 90, 94, 102, 118, 121, 122

zeno.org: S. 13

Wir danken den Kindern, Eltern und Erzieherinnen der Kindertageseinrichtungen Kohlhöfen, Kielkoppelstraße und Markusstraße in Hamburg und der Kita „Krümelkiste" in Berlin herzlich für ihre Geduld, ihre Bereitschaft zur Mitwirkung an diesem Buch und die Möglichkeit, im Alltag zu fotografieren.